ต๊กตุ๊กนูเดิลไทย

TukTuk Noodle Thai

툭툭누들타이 쿡북

임동혁, 김은지 지음

ing books

Prologue

툭툭누들타이가 문을 연 지 10년이 넘었다는 소식이 전해지자 오랜 단골들은 하나같이 우리가 망할까봐 조마조마했다며 옛 걱정을 말해줬다. 우리가 위태해 보이는 줄도 까맣게 몰랐던 나는 망할 거라고는 생각하지 않았지만 망하지만 않으면 된다는 마음으로 시작하기는 했다. 잃을 것이 없어 무모하게 덤벼들었던 장사인데 이제는 제법 많은 식구들을 책임지게 되었다. 다행히 우리 소식을 들었을 때 "툭툭이 아직도 있어?"라는 반응보다는 변화가 빠른 한국 외식 환경에서 여전히 건재함에 많은 분들이 응원을 보내주어 벅찬 기분이다.

쿡북을 쓰기로 결심했을 때 처음 든 의문은 구글에서 모든 것을 찾을 수 있는 요즘 세상에 우리 책이 어떤 의미를 가질 수 있을까? 하는 것이었다. 얕은 생각으로는 우당탕탕 10년을 보내며 정신없이 쌓아온 우리의 레시피를 이참에 정리해보고도 싶었다. 하루하루가 바쁜 셰프와 마주앉아 요리 순서를 적어볼 짬이 나지 않았는데, 우리 요리의 방향성이나 우리만의 킥이 무엇인지 다시 생각해볼 수 있었다. 거의 매일같이 우리 음식을 먹으면서 맛을 챙기고 권태에 빠지지 않으려고 노력했지만, 레시피를 꼼꼼히 적어보고서야 조리 과정 하나하나가 맞는 방법인지 자문하게 되고 재료에 대한 고민을 더욱 깊이 해볼 기회가 되었다.

그리고 툭툭누들타이를 왜 시작하게 되었는지 다시금 돌이켜본 시간은 또 하나의 수확이다. 태국의 뜨거운 열기에 빠져 태국에 대한 생각만으로 가슴이 꽉 차던 시절로 돌아가서 팟타이나 똠얌꿍 너머의 태국 음식과 문화를 잘 소개하고 싶어 셰프들의 고향이나 우리 음식이 영향을 받은 문화에 대한 이야기도 담았다. 10년의 시간 동안 지친 적이 없었던 건 아니다. 별로 뜨겁지 않았던 적도 있고, 감사한 순간에 무심했던 때도 있었다. 하지만 우리의 시간을 정리하고 나니 잘 버텨왔다는 생각보다는 앞으로 10년은 더 해보고 싶다는 생각이 들었다. 우리를 왜 좋아해주는지, 지켜가야 할 모습이 무엇인지, 그 마음들이 실체로 보이는 것은 아니지만 무엇을 더 잘해야 하는지 알 것 같기 때문이다.

Thanks to

망할 줄 알았다면서도 한국에 날 믿고 와서 10년 동안
툭툭누들타이를 함께 일구고 소이연남 사업을 키워온 **셰프 오파스** 와 **얘, 쌩 셰프**
두서 없이 흩어져있던 레시피를 잘 정리해준 **찰스 셰프**
태국 셰프와 한국 직원들 사이에서 조율하랴, 주방 살림 챙기랴 애쓰는 **재오 파트장**
별로 표현한 적 없지만 늘 버팀목으로 나보다 더 내일처럼 회사의 모든 방면을 챙겨주는 **수환 셰프**
소이연남을 함께 이끌어주며 반평생의 시간을 함께 보낸 **병훈이형**
두서없는 이야기를 글로 옮겨준 아내이자 사업 파트너인 **은지**
10년 동안 바쁘고 힘든 곳에서 일해준 **점장들과 직원들**

그리고 모자란 점도 많았는데 아끼고 찾아주시며 툭툭누들타이가
성장캐로 자라날 수 있도록 해준 **모든 손님들**께 깊이 감사드립니다.

Contents

Prologue ♦ 002P
Contents ♦ 004P

PART 1
TukTuk Noodle Thai, since 2011 ♦ 006P

PART 2
Thailand Travel Guide ♦ 040P

Special Message ♦ 278P

PART 3
Recipe 078P

채소/샐러드

팍퐁파이뎅 ◆ 080P
솜땀 ◆ 084P
얌운센 ◆ 090P
얌느아양 ◆ 096P
얌사파롯 ◆ 102P

수프/커리

똠얌꿍 ◆ 110P
깽쯧 ◆ 116P
똠쌥무 ◆ 124P
깽키여우완 ◆ 130P
뿌님팟퐁커리 ◆ 136P
파냉커리 ◆ 144P
깽쿠아 허이말랭푸 ◆ 150P

라이스/누들

카오팟 사파롯 ◆ 156P
팟키마오 ◆ 162P
팟타이 ◆ 168P
꾸에띠여우 씨크롱무 ◆ 174P
꿍옵운센 ◆ 180P
사왓디 만두 ◆ 186P
팟씨유 ◆ 192P

육류

커무양 ◆ 198P
가이삥 ◆ 202P
랍무 ◆ 208P
가이양 ◆ 212P
팟끄라파오무쌉 ◆ 218P

해산물

쁠라능씨유 ◆ 224P
꿍능마나오 ◆ 230P
쁠라텃랏남쁠라 ◆ 236P
추치 플랏텃 ◆ 242P
어쑤언 ◆ 248P
호이라이팟 ◆ 254P
텃만꿍 ◆ 260P

소스 외 기타

땡모빤 ◆ 266P
코코넛빤 ◆ 267P
남쎄딱무 ◆ 268P
카오홈 ◆ 269P
남프릭파우 ◆ 271P
남찜탈레 ◆ 272P
남쁠라프릭 ◆ 273P
그린 커리 페이스트 ◆ 274P
레드 커리 페이스트 ◆ 275P
남찜째우 ◆ 276P

PART 1

TukTuk Noodle Thai, since 2011

Thailand, what's not to love?

태국 요리 전공자도 아니면서 왜 태국 식당을 열게 되었는지 설명하려면, 스물일곱이 되어서야 떠나본 나의 첫 해외여행으로 돌아간다. 스무 살부터 경제적으로 독립해야 했던 나는 소주 선술집, 맥주 바, 일본 라멘집 등을 거치며 일만 하느라 바쁜 삶을 살았다.

내 유일한 취미는 축구였고, 열렬히 활동하던 붉은악마 모임에서 만난 형이 명예퇴직을 하게 되어 치앙마이로 은퇴 이민을 준비하러 떠났다. 마침이랄까, 내가 다니던 가게가 문을 닫아서 할 일이 없어졌고, 바닷가 휴양지나 스키장 여행도 별로 떠나보지 못한 나에게 형은 숙소에 자리를 내줄 테니 여행을 오라고 권유했다. 다행히 비행기표 살 돈 정도가 있었고, 충동적으로 떠났다. 그리고 치앙마이에서 보낸 2주 동안 홀린 듯 태국과 사랑에 빠졌고 한국으로 돌아가 다시 태국으로 갈 돈을 모으자마자 한 달 여행 계획을 세우고 방콕으로 날아갔다. 그때는 방콕에서 치앙마이로 가는 비행기를 갈아탈 때 환승하는 법도 몰라 공항 밖으로 나갔다 돌아오기도 하고, 수없이 바가지를 쓰기도 하면서 지금 돌이켜보면 피곤하고 골치 아픈 사건 사고도 많았는 데도 모든 게 좋았다. '미소 천사의 나라'처럼 간지러운 표현들도 있지만, 내가 반한 태국은 무엇보다 자유로움과 따뜻함, 그리고 스스로를 그대로 사랑하는 모습이었다. 계급의 구분이나 빈부 격차도 심하고 불행을 느낄 이유가 왜 없겠느냐만은 보이지 않는 미래에 대한 불안감보다는 현재를 즐기고, 다양한 것들이 평화롭게 공존하는 모습이 좋았다.

개구리탕을 제외하고는 처음부터 태국 음식이 입에 맞았다. 어릴 적 혼자 라면을 끓여 먹을 때도 식초를 넣곤 했다니 산미를 좋아하는 건 체질이었나보다.

빠른 속도에 지친 청춘에게는 소중한 경험이었고, 그렇게 느끼는 건 나만이 아니었다. 방콕의 카오산 로드부터 태국 한 달 살기의 성지 치앙마이, 히피들의 천국 빠이까지 구석구석마다 일탈과 자유를 꿈꾸는 한국 젊은이들이 가득했다. 그리고 이토록 진하고 쨍한 맛의 음식을 즐기던 사람들이 한국에 돌아오면 한국화되지 않은 태국 식당을 원할 것이라는 확신이 들었다.

지금 와서 말하지만, 망하지 않아서 다행이야

한 달 여행을 마치고 빈털털이가 되어 일자리를 구했다. 이번엔 그냥 돈을 벌기 위한 것이 아니라 내가 태국에서 본 가능성을 구현하고 싶다는 생각으로 구직을 했다. 하지만 취직한 외식 회사마다 내가 원하는 걸 하기엔 한국 시장은 아직 준비가 안 됐다는 답을 듣곤 했다. 그중 하나는 주병진 회장님이 운영하던 외식사업부였는데, 지금은 당신이 그때 거절했기 때문에 내가 성공할 수 있었다는 농담을 하신다.

결국 태국 식당에 취직했고 그곳에서 툭툭누들타이 개업 때부터 지금까지 10년째 함께 일하고 있는 오파스 셰프를 만났다. 1년 정도를 일했을까, 식당은 경영의 어려움으로 문을 닫게 되었고 비자가 만료된 셰프는 태국으로 돌아갔다. 함께 일하는 동안 허구한 날 식당을 열고 싶다는 이야기를 들었던 셰프는 내가 가게를 열면 돌아오겠다 약속했다. 그러고는 2년 뒤 툭툭누들타이를 시작할 때 정말 한국에 왔다. 당시에는 내가 큰 믿음을 주었나 보다 뿌듯하고 고마웠다. 하지만 몇 년이 지나고 직원 송년회 자리에서 사실은 한 달 안에 망할 거라 생각했고 그럼 한국 여행이나 다녀왔다 생각하고 다시 시골 고향에서 농사지을 마음이었다고 말해 다같이 한바탕 웃었다.

그렇다면 나는 왜 안 망했을까? 모든 게 잘되고 나면 다각도로 분석이 가능하듯 나름대로 설명할 수 있는 이유들이 있겠지만 그때는 정말이지 망해봤자 잃을 게 없다는 생각뿐이었다. 그런 마음이었으니 모두가 말렸던 일을 벌이고, 시장 트렌드에 맞춘다기보다는 내가 먹고 싶은 음식을 냈다. 다행히도 그런 음식을 좋아하는 사람들이 많이 모여드는 연남동이었고, 지역의 화교 손님과 식객들이 주로 테이블을 채워줬다. 내가 정말 좋아하는 음식을 선보이고 여러모로 마음이 통하는 셰프와 쿵짝을 맞춰가던 시절은 이러다 내일 망한대도 아쉬울 게 없는 즐거운 시간이었다.

31만8000원짜리 자리에 놓은 테이블 4개

첫 가게를 열기 전의 시간을 돌이켜보면 꿈과 희망에 차 있다기보다는 지치고 하루하루가 지겨운 시간들이 더 많았다. 태국 여행 후 현지 느낌과 맛의 식당 '아이템'이 한국에서 더 잘될 거라는 확신이 있었지만 창업은 엄두가 안 났다. 돈이 나올 구석이 도통 없었기 때문이다. 다니던 회사들에선 이 아이템은 시기상조라 사업화하기 힘들다는 반응뿐이어서 하릴없이 술과 음식을 먹으며 연남동 뒷골목에서 시간을 보내고 있었다.

그때 내가 특별히 좋아했던 '이노시시'라는 식당에 가게 문을 열면서 출근 도장을 찍고 셰프와 함께 문을 닫고 나올 정도로 술을 많이 먹으며 지냈다. 그러다 이노시시의 셰프가 "형 그러지 말고 직접 장사해보는 건 어때요"라며 5.5평짜리 가게를 소개해줬다. 순간 동해서 돈을 구하고 있었는데 그 셰프가 그 자리를 계약해서 두 번째 가게를 열었고, 나의 충동적인 마음은 심지어 더 커져서 그 옆자리를 덜컥 계약했다. 망해봤자 더 떨어질 곳이 없을 것 같았고 좋아하는 셰프의 식당 옆에서 장사를 하는 것도 즐거울 것 같았다. 참고로 그 셰프의 이름은 김건이고 지금은 압구정·청담동에서 이치에와 고료리켄을 운영하고 있다. 우리가 소이연남 압구정 매장을 열었을 때 한 손님이 연희동 출신인 몽고네도 그렇고 연남동·연희동 출신이 강남에 와서 잘해내는 걸 보면 그 동네는 진짜 독하게 트레이닝되는 곳인가보다고 해서 웃었던 기억이 난다. 그때 우리 동네는 진짜 맛있고, 잘하고 싶다는 생각으로 가득찬 사람들이 모여 정말 열심히 일하는 문화였다.

덜컥 가게를 계약하고는 모아둔 돈 2000만원을 털어 테이블 네 개를 들여놓았다. 대출받아 창업하는 경우도 허다한데 2000만원 자금이면 플러스에서 시작한 것이 아니냐고 할 수도 있지만, 난 대출을 받을 수도 없는 빈손의 서른한 살이었다. 전 재산을 털어 태국에서 그릇을 사 오고 셰프에게 고시원 방을 얻어주고, 나머지 돈으로 주방 기기를 샀다. 그나마 화장실도 없던 동진시장 한구석의 매장 월세가 31만8000원이어서 엄두를 낼 수 있었다. 그때 한국에 있던 태국 식당은 태국 마사지 숍과 비슷하게 태국 원목 가구와 화려한 액자들로 장식하는 경우가 많았는데, 돈이 없어서 내 손으로 이것저것을 설치하고 칠하고 하다 보니 마치 기획한 것처럼 더욱 태국 현지의 느낌으로 완성되었.

그 당시의 나는 돈도 없고 거래 내역도 없는 어린애로 보여서인지 월결제를 해주려는 식자재 업체가 없었다. 매일 모래내시장과 안산시장에서 재료를 사다 하루하루 장사를 하며 한 달을 보내고 나니 소주 한 병을 사 먹을 정도가 남았다. 젊은 사람 믿고 월결제 해줬다가 떼인 게 한두 번이 아니라며 거절했던 정육점 한 곳을 겨우 설득해 고기라도 월결제로 구매할 수 있어서 겨우 숨통이 틔었다. 연남동의 그 정육점은 지금은 소고기 쌀국수를 전문으로 하는 소이연남 매장까지 담당하는 중요한 거래 파트너가 되었다.

툭툭누들타이 영업 첫날의 기억

전 재산을 털어 문을 연 첫 매장 개업일에 찾아온 손님은 10년이 지나도 기억에 남는다. 문을 열고 들어온 첫 손님은 중학생 때부터 가장 친한 친구인 성진이었다. 우리가 어떻게 친구가 됐는지는 기억나지 않지만 전교 꼴등도 하며 바닥권에서 놀던 나와 달리 공부를 곧잘 하던 친구는 무려 일본 와세다대학교를 나오고 지금은 캘리포니아의 아이허브 본사에서 일하고 있다. 그래 봤자 30년째 나이키 레어템 정보나 주고받는 시시껄렁하고 무익한 수다가 즐거운 관계지만… 성진이가 한국에 출장 온 기간과 개업일이 마침 겹쳐 툭툭누들타이의 첫 손님으로 왔는데 좁고 몸에 익지 않은 공간에서 버벅거릴 때 물을 내고 음식을 가져다주는 동선을 연습할 수 있었다. 장사를 꽤 해본 사람이라도 개업일에는 익숙지 않은 동선에서 허둥지둥할 수밖에 없다. 그래서 난 지금도 매장을 여는 첫날에는 "자 오늘도 박살나자!!!" 하고 시작하곤 한다. 정신없이 바쁜 날, 제대로 챙겨주지 못해 미안한 관계이거나 부족한 모습을 보여주기 싫은 사람이면 몰라도, 개업 첫날 찾아주는 일은 꽤 큰 응원이 된다.

그리고 정말 떨리는 순간은 전혀 모르는 첫 손님이 가게에 들어왔을 때다. 안 보는 척하려고 해도 메뉴판을 읽는 시선의 흐름부터 어떤 메뉴를 고르는지, 드시고 난 그릇엔 음식이 남았는지 아니면 깨끗하게 비웠는지 모든 걸 관심 갖고 보게 된다. 내가 예상하고 계획한 결과물에 대한 성적표를 받는 기분이기 때문이다. 내가 생각한 것과 다른 메뉴를 고르고 좋아하는 손님에게 당황하기도 하고, 에이 누가 이걸 알겠어 하다가도 내 자존심에 못 이겨 신경 썼던 디테일을 알아보는 분이 있으면 손을 덥석 잡아버리고 싶기도 하다. 특히 동진시장 뒤편의 좁은 골목에서 문을 열었을 때 찾아온 손님들은 신기할 정도여서 '에? 도대체 어떻게 왔을까?' 궁금한 마음이 들기도 했다. 오랜 친구인 성진이를 제외하고는 모두 안면이 없는 손님들이었다. 여기서 '모두'라고 해도 많은 수는 아니었고 겨우 테이블 네 개로 만석이 되는 가게였기 때문에 어떻게 왔는지, 음식은 어땠는지 대화를 나눌 수 있는 기회가 되었다. 근처 중국 여행객 대상으로 하는 대형 면세점의 직원과 태국, 베트남 등 동남아시아 출신 유학생들이었다. 당시의 연남동이었기 때문에 가능한 손님의 조합인데, 인테리어업체를 통하지 않고 목수 아저씨와 뚝딱뚝딱 직접 공사하는 모습을 보고 '저렇게 돈도 없는데 시작하는 거 보면 맛은 진짜 있겠다' 싶었다는 분도 계셨고, '잘 먹게 생긴 사장이라 궁금했다'는 분도 있었다. 감사했던 손님들이 떠나고 아침에 모래내시장에서 장 본 재룟값과 수입을 계산해보니 1만원이 넘게 남았다. 오! 나 안 망할 것 같아! 기분 좋아서 집에 사 들고 갔던 소주가 엄청 달았다.

툭툭누들타이를 열기 전에 홍석천 형이 하는 태국 식당에서도 면접을 봤으나 떨어졌다. "내가 너 안 뽑아서 잘된 거야. 고마운 줄 알아!"라고 말하는 분 중 한 사람이다.

한국에서 태국 식당 운영하기

툭툭누들타이는 오픈 때부터 방콕 특급 호텔 출신의 셰프를 고용했고, 지금도 주방 직원의 90%가 태국의 레스토랑, 호텔 등에서 전문적인 요리 경험을 거친 셰프들로 이루어져 있다. 하지만 아무리 아니라고 말하고 다녀도 다들 나를 임동혁 '셰프'라 칭하는 경우가 많다. 아마도 흔히 상상하는 셰프의 덩치여서일 수도, 무지하게 먹으러 다니는 모습 때문일 수도 있다. 다시 짚고 넘어가자면 나는 경영과 서비스를 책임지는 사장이고, 제대로 된 태국 음식은 제대로 된 교육과 경력을 가진 전문 셰프가 맡아야 한다고 생각한다. 하지만 많은 분들이 내가 셰프인 줄 착각할 만큼 메뉴의 기획과 맛을 잡아가는 과정을 주도적으로 하는 것은 사실이다.

식당을 연 지 10년이 된 지금도 하루 한 끼는 태국 음식을 먹을 정도로 좋아하기 때문에, 여전히 더 잘하고 싶고 더 소개하고 싶은 메뉴가 많기 때문에 나는 툭툭누들타이를 창업했다. 태국 음식이 뜰 것 같아서라든가, 이 동네에 쌀국수가 없으니 잘 팔릴 것 같아서라는 생각으로 출발한 것이 아니다. 그리고 이게 내가 셰프가 아니면서도 태국 음식점을 오래오래 해나갈 수 있는 가장 핵심적인 이유라고 생각한다. 태국 음식을 어떤 아이템으로서 생각하면 방향을 기획하게 되고, 그럴 때 "태국 음식점을 차리려는데 한국화를 해야 할까요?" 같은 질문이 나올 수밖에 없다. 이 맛을, 재료를, 요리 기법을 누가 좋아할까? 시장이 받아들일 수 있을까? 우선 고민하게 되면 생각이 먼저 앞서서 이도저도 아닌 맛이 나오고 식당을 운영할수록 방향성을 잃기 쉽다. 그리고 어차피 우리가 상상하는 '사람들' '시장'이란 건 하나의 입맛으로 단일하게 구성되어 있지도 않다. 결국은 어떤 방식이어도 맛있어야 하고, 내가 구현하고 싶은 맛을 깊게 팠을 때 세부 취향을 가진 사람들이 쉽게 모여들 수 있는 곳이 한국이고, 특히 서울에서 장사하는 장점이라고 생각한다.

태국인 셰프를 초청하는 방법은, 따로 경영 수업을 받은 적이 없는 나도 할 수 있을 정도로 쉽다고 할 수 있지만 별도의 소책자를 쓸 수 있을 만큼 또 설명할 디테일이 많기도 하다. 쿡북에 태국인 셰프 초청하기 101 요약본을 넣는 것은 별로 재미없을 것 같아 생략하지만 방향성에 대한 이야기는 하고 싶다.

나는 전 직장이었던 폐업한 식당에서 동료로 일한 셰프를 초청해서 창업했고, 가끔은 공사가 흐려지는 것은 아닌지 줄타기를 하는 기분이 들 정도로 단단한 우정을 기반으로 함께해왔다. 100여 명의 직원이 있는 지금도 사내에서는 태국 문화를 존중하고 서로 문화를 배워가도록 노력하고 있다.

이건 같이 일하는 동료를 존중하는 인간적인 태도에 대한 이야기이기도 하지만, 외식 사업체를 경영하는 사장으로서 효율성에 대한 이야기이기도 하다. 여기서 '효율성'은 비용 감축 같은 걸 말하는 것이 아니라 어떤 노력을 들였을 때 결국 일이 되도록 하는 효과에 대한 것이다. 바쁘게 돌아가는 세상이어서 모든 게 대행으로 될 것 같지만 다른 많은 중요한 일들처럼 요리는 결국 사람이 하는 일이기 때문에 직접 만나보고 겪어보고 관계를 쌓았을 때 더 좋은 결과를 낳을 수 있다. 예전 홍대나 이태원 식당에 행정사무소를 통해 소개받은 전문성이 없는 태국인을 고용했다가 이도저도 아닌 음식을 내 금방 사라진 경우가 숱하게 많다.

 이탈리아 음식이나 프랑스 음식 레스토랑을 차릴 때 얼굴 마담 격의 아무나를 초대해서 운영하려고 하지 않듯이 태국 음식점도 전문가의 손에서 만들어져야 한다고 생각한다.

태국인은 선대왕과 자신이 모시는 신에게 음식을 올리고 기도하는 것으로 하루를 시작한다. 종교는 다르지만 우리 셰프들의 경건한 시간을 존중하기 위해 새로운 매장엔 꼭 제단을 만든다.

툭툭누들타이와 소이연남에서 근무하는 태국인 셰프들

태국인들이 마음으로 깊이 존경하는 왕의 사진을 손가락으로 가리키는 일이 없게 한국인 직원들에게 잘 설명해 서로 마음 상하는 일이 없도록 주의한다.

셰프와의 인연

이번 책을 준비하면서 문을 닫다시피 팽개쳐두었던 툭툭누들타이의 블로그를 오랜만에 열어봤다. 10년간의 시간을 정리하려니 영 생각이 나질 않아 장사 초기에 열심히 적곤 했던 글을 찾아볼 참이었는데, 아뿔싸… 그래도 나중에 철이 조금 들어 대부분을 비공개로 돌려놓았기에 망정이지 공식 블로그라고 열어놓은 인터넷 공간에 낯뜨거운 글들이 잔뜩 있었다. 어렸고, 외롭다고 생각했고, 남이 날 어떻게 볼지 생각할 여유가 없었다. 그때의 나를 화나게 하는 것들은 수없이 많았다.

툭툭누들타이의 헤드 셰프를 스카우트하려는 시도는 제법 많았지만 별로 개의치 않았다. 다니던 가게가 폐업해 태국으로 돌아갔던 셰프가 다시 한국에 온 건 나에 대한 믿음 때문이라고 생각했고, 쉽게 이직할 거라는 불안함은 크지 않았기 때문이다.

하지만 한번은 깊은 실망과 분노의 감정이 생겼던 적이 있다. 잘 알려진 외식 대기업이 월급 인상을 미끼로 삼으며 스카우트 제의를 해왔다. 제시한 금액은 당시 내가 주던 월급의 거의 두 배에 가까웠다. 돈이 많으면 돈을 잘 사용하는 것 자체가 나쁘다고 생각하지는 않는다. 하지만 다섯도 안 되는 직원과 꾸려가고 있는 이 작은 식당의 셰프를 훔쳐가려고 할 만큼 무성의한 태도가 싫었다. 태국에는 요리를 잘하는 셰프들이 정말 많고, 그들을 수소문해 정식으로 초청할 여력이 없는 조직도 아니라고 생각했기 때문이다. 자기 힘으로 할 수 있는데 이제 자리 잡기 시작한 식당의 셰프를 그대로 쏙 빼내 손도 안 대고 코를 풀려는 사람들이 한심했다. 그리고 태국 셰프들이 돈 몇 백에 그렇게 쉽게 오가는 대상으로 보는 것도 화가 났다.

오구 셰프의 고향길에서 만난 그의 가족

오구 셰프의 집들이에 잔치 음식으로 냈던 음식들

신축 중인 셰프의 고향집 | 잔치음식 준비중인 가족들
셰프의 가족들과 함께 | 셰프 고향 식구들의 축복 행사

고향의 가족을 서포트하는 기러기 아빠였던 셰프가 그때 왜 그 대기업을 쫓아가지 않았을까? 그때는 물어보면 안 될 것 같아서 묻지 못했고, 지금은 굳이 왜 물어보나 싶은 마음에 이 일에 대한 이야기를 나눠본 적은 없다. 하지만 처음 셰프를 한국으로 초청하면서 '나는 부자가 못 되어도 형은 부자 만들어줄게' 약속했던 말은 적어도 지켰다 생각하고, 10년이 넘도록 우리는 함께 일하고 있다.

가게에서 돈을 벌면 또 다른 매장을 여느라 재투자했고 내 삶은 한참 동안 달라지지 않았다. 난 여전히 월세로 살고 있는데 그래도 셰프는 고향에 땅을 사고 집을 지을 수 있어서 대리만족도 되고 행복했다. 집들이 개념의 파티에 초대되어 셰프의 집에 갔을 때 온 가족이 나에게 실팔찌를 걸어주며 감사를 표했다. 흥겨운 파티가 열렸고 난 어느새 그 집에 에어컨 세 대를 반강제로 선물하고 있었다.

15

이싼, 태국 미식의 고향

지방 출장길에 들르던 식당이 상표권 때문인지 '전라도 칼국수'라고 간판을 바꿔 단 것을 보고 웃었던 적이 있다. 왜냐하면 바지락 칼국수와 팥 칼국수가 메인 메뉴인 데다 김치 스타일도 그렇고 음식 어디에서도 전라도의 흔적을 찾을 수가 없었기 때문이다. 하지만 어쩐지 그다음부터 칼국수가 더 맛있다고 느껴졌다. 그렇게 수식어만 붙여도 음식이 맛있을 것 같은 기분을 주는 지역이 태국에도 있는데, 바로 우리 셰프들의 고향 북동부 지역의 이싼Isan이다.

이싼은 거주민 대부분이 대가족을 이루며 농사일을 하는 지역인 만큼 먹는 일을 중심으로 하루가 구성된다. 갓 수확한 신선한 농산물, 풍족한 수확물을 갈무리한 재료가 풍부한 것도 큰 몫을 하고, 라오스와 국경을 접해 다양한 요리 테크닉이 발달한 것도 이유라 할 수 있다. 다양한 음식이 있지만 대체적으로 짜고, 맵고, 이색적인 허브를 많이 쓴다. 우리 셰프들을 보면 억척스럽고 생활력 강한 이곳의 지역색이 담겨 있는 것이 아닐까 생각도 든다.

태국 음식 마니아들이 좋아하는 랍, 똠쌤, 커무양, 가이양 등이 대표적인 이싼 음식이고, 이싼 지역을 대표하는 것은 '카오쿠아'다. 낮의 열기를 품고 무겁게 가라앉는 습도 가득한 저녁 공기가 깔리면 온 동네에 스모키한 냄새가 가득해진다. 집집마다 레몬그라스, 갈랑갈, 카피르라임 잎과 함께 찹쌀을 태우듯 볶아 가루를 만들기 때문이다. 이싼 음식의 대부분 소스에 사용되는 카오쿠아를 완성하기 위해서는 절구로 빻는 과정이 필요한데 이 절구질도 이싼을 설명하는 중요한 부분이다. 전통적인 트레이닝을 받는 스시 셰프는 1년 동안 쌀만 씻는다는 설이 있는 것처럼 태국의 전문 셰프 훈련은 끝도 없는 절구질과 함께 시작한다고들 한다. 특히 마른 고추나 허브를 빻아 사용하는 일이 많은 이싼에서는 담 밖으로 들리는 깡깡 절구 소리로 좋은 반려자를 고른다는 옛말이 있을 정도다.

마지막으로는 대부분의 상차림이 대가족이 둘러앉아 먹는 환경을 기반으로 한다는 것도 중요한 특징이다. 그래서 그린 커리도 방콕 왕실 요리처럼 코코넛 크림 비율이 높은 진득한 스타일보다는 수프 커리처럼 묽어 여럿이 나눠 먹을 수 있는 스타일이고 여러 가지 음식이 짠맛, 신맛, 매운맛, 단맛을 서로 보완해주는 조합이다.

방콕, 그리고 차이나타운

처음 매장을 열었을 때 겨우 몸 하나 누일 고시원에서 지내며 한 평 반 크기의 주방에서 일하던 거구의 셰프는 10년의 세월을 보내는 동안 이싼에 약 230m²(70평) 규모의 집을 지어서 온 가족을 보살필 수 있게 되었고 꽤 묵직한 금팔찌와 목걸이로 멋을 내는 중년이 되었다. 헤드 셰프와 팀원들은 대개 이싼 농부의 아들들이다. 이싼은 산업의 형태가 바뀌기도 했거니와 정치 세력 다툼에서 밀려 개발에서 소외된 지역이다. 도농 갈등을 심

이싼 지역에서는 농사지을 때 새참용 도시락으로 싸가기 편리한 찹쌀밥 문화가 자리 잡았다.

태국 문화와 깊이 교류하며 발전해 온 방콕의 차이나타운

하게 겪기도 했지만 대가족을 부양하기 위해 방콕으로 일자리를 구하러 나선 많은 도시 노동자들의 고향이기도 하다. 방콕 스트리트 푸드의 대부분이 이싼 음식인 것도 그 때문이다.

우리 셰프들도 그렇게 방콕으로 나가 특급 호텔이나 차이나타운에서 일했고, 이제는 가족들을 더 잘 부양하기 위해 한국까지 온 생활력 강한 기러기 아빠들이다. 돼지뼈 육수에 무가당 연유를 더해 만드는 묵직한 스타일의 똠얌꿍이나 젓갈을 쓰지 않고 깔끔하게 서울 김치 스타일로 만드는 솜땀에는 셰프들의 방콕 요리 경력이 담겼다.

그리고 아이러니하게 방콕 요리의 중요한 부분은 왕실 요리만큼이나 차이나타운의 영향을 받아 발전해왔다. 생강을 넣은 생선찜 요리나 꿍옵운센, 어쑤언이 대표적이다. 그리고 사실은 찍어 누르는 형태의 국수인 카놈찐 말고 우리가 쌀국수의 원형처럼 알고 있는 절단면 자체가 중국에서 유래된 것이니 우리가 생각하는 것보다 그 영향력은 더 큰 편이다. 가끔 툭툭누들타이를 찾는 손님 중에 "이건 중국 요리 아니야?" 질문하는 경우도 있는데, 태국 음식은 주변의 문화와 활발하게 교류하며 끊임없이 변해간다.

태국인들이 어마어마하게 자부심을 갖는, 동남아시아 국가 중 드물게 식민 지배를 받지 않은 것도 그런 유연함 때문이었을 것이다. 우리 셰프 중 유일한 방콕 보이 찰스 셰프는 코로나19로 2년 동안 방문하지 못한 방콕의 음식 문화가 그동안 얼마나 바뀌었을까 조바심을 낼 정도다.

태국은 앞으로 또 어떻게 변화해갈까, 그리고 우리는 어떻게 커갈까?

Taste of Thai, *Soul of Yeonnam*

아무것도 없던 연남동 후미진 가게에서 시작해 골목을 띄운 장사의 신이라고 기사와 방송에서 소개되었던 적이 있다. 낯뜨거운 포인트가 수도 없이 많았지만 무엇보다 미디어의 대대적인 주목을 받기 전 연남동이 아무것도 없던 동네였다는 관점은 납득할 수 없었다. 그건 몇 년 만에 연남동에 들렀다가 "세상에나 아직도 연남동에 사람이 이렇게나 많네요!"라는 반응을 접하는 요즘도 마찬가지다. 아무래도 '요즘 뜨는 동네'로 주목한 곳이 '아직도 핫한' 케이스가 흔치 않은 모양이다. 하지만 연남동은 공장 지대였거나 전통 시장 구역에 인파가 갑자기 들기 시작한 지역도 아니고, 힙한 식당과 카페로 채워졌다가 또 다른 떠오르는 지역에 자리를 빼앗기는 동네도 아니다. 외부인이 주목하기 전에도 연남동은 언제나 시끌시끌했고, 툭툭누들타이 모습의 절반은 연남동의 소울이 만들었다.

사실 '현대 연남'의 모습은 많은 사람이 알고 있듯 경의선 숲길이 조성된 이후가 아니라 소공동의 한성화교학교가 지역 개발에 밀려 연희동으로 이사 오고 나서부터 시작됐다. '연희동의 남쪽'이라는 이름의 연남동은 연희동 주택가와는 달리 시끌벅적 먹고 마시는 것을 좋아하는 화교들을 위한 식당으로 채워졌다. 대대로 한국에 터를 잡고 살고, 화교식 중식당을 운영하는 분들도 주된 인구였지만 사실 연남동을 움직이는 큰손은 중국인 단체 여행객이 고객인 대형 여행사를 운영하는 분들이었다. 자연스레 먹고 마시는 게 중요한 동네 분위기가 조성되었고, 인테리어가 예쁘거나 유명 메뉴를 검색하는 식당이 아니라 메뉴판에 있는 요리를 죄다 시켜 거나한 술상을 차리는 손님을 대상으로 한 식당들이 생겨났다. 한국인들이 혹은 화교조차도 잘 모르는 메뉴여도 상관없었고, 음식을 냈을 때 맛만 있으면 그만이었다. 그러다 보니 이런 식당들을 찾아오는 미식 블로거나 홍대 근처의 인디 밴드, 힙합 아티스트들까지 합류하게 되면서 시끌벅적한 연남동의 모습이 만들어졌다. 간단한 국숫집으로 시작했던 툭툭누들타이도 큰손 단골들을 위해 손맛 좋은 셰프가 그날 재료를 이용한 메뉴를 하나둘 추가하다 보니 40여 개가 넘는 메뉴를 내게 되었다.

연남동 OB 식당들

경의선 숲길이 열리고 디저트 숍과 카페의 비중이 월등히 올라가고 있는 요즘이지만 의외로 연남동에는 오래 살고, 오래 장사를 하는 사람들이 많다. 길을 걷다 보면 "어! 형 아직도 여기 살아요?" 서로 놀라는 경우가 가끔 있는데, 더이상 인디하지 않은 인디 밴드 그룹이나 무명 시절부터 살기 시작한 영화배우, 해방촌이나 서초동으로 와인바를 옮긴 셰프들이 아직 살고 있는 경우가 은근히 많다. 동네 사람들이 즐겨 가는 올드 보이즈 식당들을 소개한다.

◉ **향미**

연남동에서 중식으로 장난치면 안 된다는 말은 짬뽕을 배달시켜보면 실감할 수 있다. 배달 짬뽕도 웍으로 볶아 국물을 만드는 화교들의 자부심이 남아 있는 연남동에서도 왕초 격 식당이 향미다. 명절이면 동네가 조용하던 시절에도 꼭 문을 열어서 고향이 그리운 태국 셰프들과 함께 거나하게 한상 차려서 먹던 것이 우리 나름의 전통이다. 우육탕과 치킨까스, 오향닭이 특히 맛있는데, 소이연남을 열었을 때 "한국 사람이 우육면을 잘도 하네"라고 칭찬받은 것이 어찌나 뿌듯했던지!

◉ **커피리브레**

커피를 줄 서서 먹는다는 문화가 생소하던 당시에 어마어마한 팬덤을 형성했던 커피리브레 덕분에 '연남동=카페' 연관 검색어가 생겨났다. 특히 이곳에서 바리스타나 일반인을 대상으로 한 다양한 커핑 교육도 진행해 연남동 커피 문화의 격을 높였다. 까다롭게 원두를 소싱하고 볶는 것으로 유명한 만큼 신선한 원두를 사러 들르기도 좋다.

◉ **옥타**

화교 식당의 셰프님들을 제외하면 연남동의 가장 터줏대감 외국인 셰프 격인 코우스케 형이 요리하는 이자카야다. 개인적으로는 오랜 기간 식당을 해오는 고충과 동네에서 함께 보낸 세월 때문에 이심전심으로 통하는 사이라 많이 의지하고, 고민이 많은 날엔 혼자 가서 술을 마시는 곳이다.

가라아게와 야끼소바가 특히 맛있고, 술을 발라 구운 고등어나 시사모도 기가 막힌다. 함께 운영하는 아내분이 (비)공식 연남동 맥주 대장님이라 오래될 틈이 없는 생맥주는 언제나 맛있다.

◉ 빠레트

빠레트는 연남동 밤의 황제다. 늦은 밤이면 작업을 끝낸 인디 밴드 아티스트, 영업을 끝낸 술집 사장님들이 모여서 하루를 마무리하는 바Bar이자 아지트라 할 수 있다. 당연히 BGM 리스트가 언제나 좋고 밤이면 들썩들썩하는 분위기 때문에 연남동에서 좀 놀아봤다 하는 사람들은 빼먹지 않고 2차 또는 3차로 들른다.

◉ 송가네 감자탕

요즘 생기는 카페, 레스토랑의 이름이나 골목들을 알 리가 없는 택시기사님에게 "연남동 기사식당 골목으로 가주세요"라고 하면 연남동의 가장 번화한 곳에 올 수 있다. 그 한가운데 있는 송가네 감자탕은 새벽에 일을 시작하는 기사님과 끝내는 기사님들, 소맥을 먹으며 첫차를 기다리러 홍대, 신촌에서 모여드는 사람들로 가득한 곳이다. 30년의 역사를 뒤로하고 신축 건물을 올렸는데, 그중 계단 한 단쯤은 연남동에서 장사꾼들의 지친 밤을 달래준 소주병이 쌓아올렸을 것이다.

◉ 대화마트

태국 재료든 중국 재료든 인터넷으로 모두 구할 수 있는 요즘이지만, 연남동과 연희동에 거주하는 화교분들이 오래도록 다니던 마트라 큐레이션이 좋고 모든 재료가 신선해 자주 찾는다. 고수, 송화단, 취두부는 물론이고 각종 소스, 통조림, 마라탕 재료 등 중국요리를 만들어 먹을 수 있는 거의 대부분의 재료가 잘 갖춰져 있다. 양고기가 흔치 않던 시절에도 부위별로 마련해두어 언제든 양꼬치를 해 먹을 수 있었다. 여차하면 뛰어가서 공부가주, 이과두주 등 중국 백주를 쉽게 사올 수 있는 동네 마트가 있다는 게 연남동 주민의 자랑이다.

장사를 하고 싶었는데
사업이 되어버린 지난 10년

　손님의 표정을 살필 수 있고 포크로 그릇을 긁는 소리까지도 들리는 작은 크기의 식당을 운영한 경험은 지금까지도 큰 도움이 된다. 규모가 커지고 홀과 주방의 업무가 분리되면 손님의 반응을 파악하는 것은 표면적인 내용에 그치기 쉽다. 보통 고객을 이해하기 위해 방문 횟수나 객단가를 보거나 주방에서는 손님이 음식을 남기는 빈도나 양을 보곤 한다. 하지만 이런 것들은 손님을 이해하는 단초는 되지만 그것 자체가 모든 것을 말해주지는 않는다. 비싼 메뉴여서, 데이트 자리라 분위기를 망치지 않기 위해서 맛이 없는데도 음식을 다 드시는 손님도 있고, 지금 자주 방문한다고 앞으로도 그럴 것이라는 보장도 없다. 최근에는 이런 한계를 보완하기 위해 매장 내 CCTV를 통해 고객의 시선을 분석하는 기술까지도 나왔다고 하는데, 이것조차도 스스로 해석하고 매장에 적용하기 위해서는 바로 앞에서 내 손님을 맞이하고 대화를 나누어보는 경험이 바탕이 되어야 한다. 첫 번째 툭툭누들타이는 그런 경험을 하기에 최고의 공간이었고, 손님의 반응을 50cm 거리에서 요리하는 셰프에게 바로 전달할 수 있는 최적의 장소였다.

　물론 작은 공간이 버거웠던 적도 있다. 어느 날 한 외국인 커플이 그린 커리와 팟타이를 주문했는데 평생 먹어보지 못한 끔찍한 맛이라며 5평 반짜리 공간이 쩌렁쩌렁 울리도록 큰 소리로 영어 욕설을 퍼부었다. 다른 손님들이 모두 얼어붙을 듯 공기가 차가워지며 적막이 흘렀다. 우리가 요리를 잘못한 게 아니라면 입맛이야 뭐 논쟁할 거리가 아니라고 생각하기 때문에 음식값을 받지 않고 손님을 보냈는데 당황스럽고 낯부끄럽기도 하고 멘탈이 나가는 느낌이었다. 그런데 그 손님이 나서자마자 한 손님이 "거 참 말 많네" 하고 큰 소리로 말했고 다른 손님들도 호응해주면서 식당엔 활기가 돌아왔.

　그 멋진 분은 그 후에도 종종 찾아주셨는데 아직도 기억이 날 만큼 정말 젠틀하셨다. 얼마 전에 그분이 주연한 영화가 개봉했는데, 오랜만에 영화관이나 가봐야겠다. '헤어질 결심' 파이팅!

툭툭누들타이 첫 번째 이전

　툭툭누들타이의 첫 번째 매장에 긴 대기줄이 생긴 건 어쩌면 당연한 게 테이블이 네 개밖에 없었기 때문이다. 동진시장 뒤편의 좁은 골목에 기다리는 분들이 많아지면서 주변 가게 사장님들께 폐를 끼치게 되었다. 아무래도 인적이 드물고 조용한 구석을 찾아 가게를 연 분들이 많았기에 더 죄송하고 눈치가 보이는 참이었다. 그래서 같은 골목의 끝, 큰 대로에 맞닿은 낡은 건물의 지하로 이사했다. 전 재산 2000만원을 털어 가게를 연 지 6개월 만이라 여전히 예산은 빠듯했고 역시나 열악한 환경의 자리를 얻었다. 그러다보니 지금의 자리로 이전하기 위해 지하 식당의 문을 닫는 날 서러운 마음에 셰프부터 오랜 직원들이 눈물을 흘릴 만큼 온갖 고생이 많았다. 환기가 잘 안 되는 지하에서 오픈 주방을 운영하느라 툭하면 식당 전체가 연기로 자욱해졌다. 그리고 재개발을 목표로 시장 건물을 매입한 회사가 수리비를 들일 리는 만무해 낡은 시설들이 애를 먹였다. 더이상 운영되지 않는 동진시장의 간이 화장실에 손님을 보내는 것이 미안해서 돈을 끌어모아 공사한 화장실도 툭하면 막히고 역류하곤 했다.

하지만 툭툭누들타이가 혼자 뚝딱뚝딱 운영하는 가게를 넘어 팀으로서 운영되는 모습을 갖추며 성장하는 시간이었고, 지난 10년간을 돌아보면 가장 기억에 남는 황금기였다. 낡은 계단을 따라 내려가면 들리기 시작하는 태국 팝 음악과 피시 소스 볶는 냄새, 그리고 내 손으로 직접 칠하고 만들며 꾸민 싼티나는 인테리어 때문에 '얘네 미쳤네. 완전 태국이야' 생각했다며 아직도 추억하는 단골손님들이 있었다. 물론 공간이나 실력에 비해 감당하기 어려울 만큼 많은 손님이 찾아주셔서 탈도 많았다. 별일 없이 하루 장사를 마감하는 데 골몰하다 보니 '우리의 시스템'대로 손님에게 요구해대는 바람에 불친절하다는 욕을 많이 먹기도 했다. 서로를 알기 전 아내도 툭툭누들타이를 엄청 좋아해 하루 두 번 오기도 했었는데 나에 대한 인상이 '정말 좋아하는 맛집의 불친절한 사장'이었다고 한다.

첫 번째 툭툭누들타이 매장

두번째 툭툭누들타이 매장

툭툭누들타이가 성인기에 들어서기 위해서는 이 흐름을 끊는 것이 또 다른 과제가 되었다. 예약 및 착석에 대해 덕지덕지 붙여부었던 모든 안내문을 떼어냈고, 손님의 질문에 '우리 정책상'이라는 말은 하지 않기로 했다. 젊은 직원들에게 '손님은 왕'이라는 콘셉트는 설득되지 않았고, 나 역시 그렇게 믿는 쪽은 아니다. 극진한 친절을 목표로 하기보다는 내가 손님이었다면 원하는 역할을 맡아보자는 역지사지의 관점이 우리와 맞았다.

두 번째 이전

툭툭누들타이의 공사 모습

오랜 무명 기간을 거친 영화감독의 첫 번째 영화에는 하고 싶은 것들이 꾹꾹 담겨 복잡해지기 십상이라는 평론을 읽은 적 있다. 나에게는 빈털털이에 가까울 때 오픈했던 두 장소 다음에 이제야 좀 크게 해봐도 되겠다는 생각이 든 지금의 자리가 좀 그런 편이다. 어찌나 하고 싶은 것을 다 담느라 열심이었든지 이전 오픈 후 20일 만에 치른 결혼식 때 몸 반쪽이 굳어 고개가 돌아가지 않는 바람에 신혼여행도 취소했을 정도다.

우선 순위는 웨이팅과 주차 문제의 해결이었다. 손님이 편해야 직원들도 스트레스 없이 즐겁게 서비스할 수 있어서 기다리는 테이블 수를 확 늘리고, 대기 공간도 넉넉하게 만든 다음에 당시로서는 드물게 웨이팅 기기도 설치했다. 그리고 초기의 단골들이 이제는 나와 같이 나이들어가다 보니 가정을 꾸려 먼 곳으로 떠난 경우도 많아 주차 공간으로 편의를 제공하고 싶었다. 좁은 주방에서 하루의 요리를 소화해내느라 지친 셰프들이 편하게 일할 넓은 주방도 꾸리고 싶었다. 그리고 태국 음식도 깨끗한 주방에서 전문성을 갖고 수고롭게 만드는 요리라는 것을 보여주고 싶어서 1층을 열린 유리로 인테리어했다.

결론적으로 다시 장사를 한다면 절대 하지 말아야 할 큰 교훈을 몇 가지 얻었다. 주방의 저장 및 프렙 공간은 최대한 확보하는 것이 좋지만 조리하는 동선은 짧아야 한 직원이

할 수만 있다면 태국에서 툭툭 차량을 수입해 홍대입구역에서 매장까지 셔틀 서비스를 운영하는 것이 꿈이다. 하지만 쉽지 않은 일이고, 툭툭 모형을 수입해서 간판으로 쓰는 것으로 아쉬움을 대신했다.

툭툭누들타이의 주방

매장에 툭툭 모형의 간판을 다는 모습

손님들의 대기 공간
늘 다른 매장 앞을 가로막거나 좁고 어두운 계단에 서서 기다려야 했는데 대기 공간이 조금 더 쾌적해졌다.

여름에는 테라스에서 꼬치를 구워 입장 전부터 입맛을 돋우는 행사를 한다.

테이블 위 음식만 찍어도 태국 여행에 온 듯한 기분을 느낄 수 있게 열대 꽃과 과일 패턴의 방수천을 테이블보로 쓰고 있다.

매장의 실내 모습

멀티태스킹하며 서로를 도울 수 있다. 그리고 복층의 홀은 더 많은 직원을 필요로 하고, 그 직원들마저 계단을 오르내리느라 지치게 할 가능성이 있다. (힘든 조건 속에서 일하는 직원들에게 그저 고마울 뿐이다) 하지만 욕심낸 만큼 쾌적하고 편안한 공간에서 서비스를 준비할 수 있고, 이전한 첫해부터 지금까지 쭉 미쉐린 가이드 빕 구르망 리스트에 선정될 수 있었다.

    2016년에 결혼식을 지금의 툭툭누들타이에서 진행했다. 가장 우리다운 결혼식을 하고 싶고 비용도 절약하고 싶다는 아내의 기획이었는데, '하루 매출을 포기하는 게 더 큰 비용이야'라고 말 못하는 예비 남편 처지여서 순순히 따랐다. 우리 태국 셰프들도 결혼식 요리에 사용하겠다며 일주일간 1층 주방에 오리 여러 마리를 걸어 자연 건조를 시작했다. 연남동에서는 보기 드문 장면이어서 지나가는 사람마다 문의를 했고 우리도 어떤 요리가 나올까 잔뜩 기대를 했다. 결혼식날 오리 요리가 안 보이길래 물어보니 다 썰어서 볶음밥에 섞었다고… 어쩐지 볶음밥은 참 맛있었고, 우리 셰프들은 참 생색낼 줄 모르는 사람들이구나를 다시금 깨달았다.

    클라이맥스는 여의도 쿠마의 셰프님이 선물해주신 100kg이 넘는 참치였다. 원래는 주방에서 준비해주신다는 걸, 이게 얼마나 귀한 참치인지 손님들이 보셨으면 했고 또 잔칫날 우리 주방에 갇혀 계시는 게 싫기도 했다. 그래서 본식을 치를 무대에서 해체를 부탁드렸고, 하객들이 무서운 속도로 드셔서 예쁜 옷을 차려입고 온 셰프 친구들까지 소매를 걷어붙여야 했다. 당시 와인 수입사를 다니던 아내가 미리 준비한 와인 때문에 신부 입장도 전에 모두 알딸딸해졌고, DJ 친구가 밤새 음악을 틀어주어 우리와 업계 친구들 모두 하루 마음놓고 노는 축제 같은 시간이었다. 물론 양측 친척 어른들은 입맛에 맞지도 않는 태국 음식에 혀를 내두르셨지만.

신나고 좋은 일로만 가득찬 출발은 아니었다. 처음으로 거액 대출을 받아 건물 증축을 하기 시작했는데 공사가 하염없이 늦춰져 마음이 많이 힘들었다. 이전한 장소가 자리 잡으면 떠나야겠다고 생각한 신혼여행은 직전까지 미뤄지고, 그동안의 스트레스로 한쪽 몸이 굳는 바람에 결국 하루 전날 베를린행 비행기표를 취소했다.

손님이 꽉 차서 바쁘게 돌아가던 주방 환기구에서 갑자기 불이 치솟은 적도 있다. 이전해서 영업을 재개한 지 한 달도 채 지나지 않아서였고, 배기구가 말썽이었다. 얼마나 장사가 잘되려고 그러겠어요, 갑작스레 대피해야 했던 손님들이 도리어 나를 위로해주었지만 공사 과정부터 속이 타들어가는 일이 많았던지라 앞일이 까마득하게 느껴졌다. 오프라인 매장을 운영해본 사람들은 알겠지만, 탈이 많은 매장 공사는 모든 곳에서 말썽을 일으키기 마련이다.

마포소방서에서 좁디좁은 골목을 순식간에 달려와 불을 꺼주셨다. 후에 매장 앞 긴 줄을 보며 지나가던 소방차에서 젊은 소방관들이 고개를 쭉 빼고 구경하는 걸 보고 화재 때의 감사함이 떠올랐다. 그래서 툭툭누들타이와 소이연남에서는 소방, 경찰 공무원께 할인해드리는 것으로 소극적이나마 마음을 표시하고 있다.

소이연남의 탄생

툭툭누들타이의 메뉴가 방대해지자 그것 나름의 재미는 있었지만 원래 창업의 목표였던 쌀국수 전문점을 해보고 싶다는 생각이 들었다. 툭툭이 자리를 잡아갈 때쯤 마침 연남동 삼거리의 양옥집 1층을 싼 값에 쓸 수 있어 충동적으로 시작했다. 삼거리국숫집으로 이름을 붙이려다 '길'을 뜻하는 'Soi'를 연남동에 붙여 소이연남이라는 태국식 길거리 국숫집을 표방하는 가게가 탄생하게 되었다.

베트남 쌀국수와 태국 쌀국수의 차이

어떤 나라의 음식을 칼로 자르듯 구분하는 정의를 내리기는 쉽지 않다. 특히 대표 재료나 요리 기법이 중첩되는 태국 음식과 베트남 음식의 차이, 그중에서도 양쪽의 대표 메뉴인 쌀국수의 차이를 설명하겠다고 나서는 건 안 하니만 못할 수도 있다. 하지만 한국에서 유독 '쌀국수=베트남 음식'이라는 인식이 좀 섭섭해서 의견을 남기고 싶다. 오죽하면 블랙핑크의 리사가 은퇴하면 한국에 태국식 쌀국숫집을 차려서 그 매력을 알리고 싶다고 했을 정도!

베트남 쌀국수가 쌀국수의 대명사처럼 자리 잡힌 건 2000년도 초반에 성황하던 한국형 쌀국수 체인 브랜드들이 베트남 스타일 쌀국수를 표방했기 때문일 텐데 사실 태국 쌀국수 역사가 더 깊다는 점을 강조하지 않더라도 그만의 깊은 매력이 있다. 베트남 쌀국수는 프랑스 요리 기법의 영향을 받아서인지 맑은 국물에 얇은 고기를 내는 경우가 많다면 태국 쌀국수는 진한 고기 국물에 간장으로 간을 한 형태의 터프한 스타일이 많다. 그리고 고추 식초, 다진 마늘, 고춧가루, 설탕, 피시 소스 등 입맛에 맞게 소스를 더해 각자의 취향에 따라 변형된 소스를 넣는 것이 특징이다.

툭툭누들타이와 내추럴 와인

"툭툭누들타이에 와인이?" "심지어 내추럴 와인이?" 화려한 꽃무늬 방수천을 테이블보로 쓰는 태국 식당에 얇고 투명한 와인 글라스와 구하기 어려운 희귀 와인들이 놓이는 게 익숙한 풍경은 아니니 놀라는 것도 이해한다. 나도 사실 이렇게 과하게 될 줄은 모르고 시작했으니까.

시간 날 때마다 캐주얼한 지역 맛집을 찾아다니는 걸 좋아하는데 늘 소주와 국산 라거 맥주만 있는 것이 아쉬웠던 참이었다. 특히 아내는 인스타그램 아이디를 banjudeck이라고 쓸 만큼 맛있는 음식과 반주를 곁들이는 것을 중요하게 생각하는 사람이라 함께 의기투합해서 맛있는 술을 소개해보자고 나섰다. 처음에는 와인 페어링의 교과서적인 추천, 즉 매콤한 아시아 음식에 어울리는 당도 있는 화이트 와인 등을 중심으로 구성했지만 어쩐지 만족스럽지 못하고 밋밋한 느낌이었다. 원래 책이나 컨설턴트의 의견보다는 근본이 좀 없더라도 내가 좋아하는 맛을 중심으로 만들어온 가게이기 때문에 바닥으로 돌아가서 우리가 맛있게 마시는 와인을 꼽아보았다. 나랑 우리 단골손님들은 매운맛을 두려워하지 않는데 서양인들이 매운맛을 가라앉히기 위해 마시는 단맛 와인이 과연 맞을까? 생각이 들었다.

예전에 일본의 한 베트남 식당에서 프랑스 남부 지방의 새콤한 내추럴 화이트 와인을 마셔봤을 때의 경험도 떠올라 감칠맛 - 신맛 - 과일 향이라는 우리 음식의 주요 포인트에 맞는 술들을 하나둘 더하다가 지금처럼 방대한 리스트가 만들어졌다. 다행히(?) 강남의 핫한 와인 바처럼 엄청 빠르게 판매되지 않아 차근차근 맛있게 익어가고 있는 중이다. 지금도 몇 년 묵은 와인을 찾는 와인 애호가분들이 있지만 앞으로 툭툭누들타이의 소중한 자산이 될 거라고 기대하고 있다.

내추럴 와인 '실방소'
방콕보다 더 독하게 더웠던 여름날, 도쿄의 한 내추럴 와인 바에서 마셔보고 푹 빠져 우리 매장 단독으로 소개하고 있는 와인이다. 새콤달콤한 맛이 '얌 소스' 베이스의 모든 요리에 잘 어울린다.

내추럴 와인 '미셸 가이에'
태국 음식과 어울리는 내추럴 와인을 고르며 가장 모험했고, 마니아적인 애호가들을 맞이하는 계기가 되었다. 얇은 효모막 아래로 숙성된 화이트 와인은 은은한 발효 느낌과 함께 호두, 아몬드 같은 견과류 향이 나는데 피시 소스와 견과류를 많이 사용하는 우리 음식과 잘 어울린다.

내추럴 와인 '옥타방'
내추럴 와인을 좋아하는 사람들이 툭툭누들타이에 와서 가장 놀라는 와인 중 하나다. 생산량이 적어 해외에서도 '있다고는 들었는데 본 적은 없어서' 유니콘 와인이라고 불릴 정도. 당연히 국내 수입량도 적어 레스토랑에서 보기 힘든 귀한 와인이다. 유통을 담당하는 소믈리에가 우리 음식과 잘 어울린다고 믿어 추천해 연남동의 태국 식당에서 마실 수 있게 되었다.

새로운 도전, 밀키트

툭툭누들타이와 소이연남의 밀키트 프로젝트는 코로나19 시기에 매출 다변화 사례로 소개되고 그만큼 사업을 운영하는 데 큰 버팀목이 되어준 것은 사실이다. 하지만 코로나19가 발발하기 1년여 전부터 시작해서 운좋게 위기의 시간 동안 준비가 되어 있었던 편이다.

시작은 우연히 먹어본 대기업의 쌀국수 제품이었다. 이건 쌀국수의 맛이 아니라는 생각이 들었고 '나 이것보다 잘 만들 수 있는데!' 객기가 발동했다. 전에 일본 여행에서 작은 식당들이 내놓은 밀키트를 먹어보고 인상 깊었던 기억이 만든 객기였다. 그때는 식당들의 밀키트, 즉 RMR이 성황하기 전이라 인터넷에서 검색해 연락한 제조 공장들에서는 하룻강아지 취급을 받으며 거절당했다. 그중 모험에 동참해주기로 한 간장게장 전문 제조사와 계약을 맺었고, 첫 번째 제조 견적을 듣고는 '이 돈 때문에 망하진 않겠다'는 생각에 시작했다. (보관과 유통과 원가 상승이 가파르다는 건 까맣게 모른 채…)

이후 공장 제조, 라이선스 계약, 툭툭누들타이 키친에서 직접 만들어 판매하는 즉석 제조까지 다양한 방식으로 제품들을 내고 있다. 이렇게 밀키트 제품을 계속 내면서 얻는 게 과연 뭘까? 물론 매장 밖의 추가 매출이 생긴다는 명확한 장점이 있지만, 자리 잡기까지의 불안함과 유통의 힘겨움 그리고 전 과정에서의 퀄리티 관리를 지켜봐야 하는 부담에 머리카락이라도 좀 잃고 불면증에 시달린 밤이 많았다. 그럼에도 밀키트를 만들면서 우리는 식당을 오래 운영하는 것과는 다른 방향으로 크게 성장했다고 느낀다. 인테리어와 음악, 서비스의 지원 없는 상태에서 메뉴를 객관적으로 살펴보기도 하고, 기획과 제조, 홍보 등 각 분야의 전문가들에게서 배우고 자극받는 부분도 많다.

밀키트를 기획할 때도 식당을 창업할 때처럼 수많은 의사 결정을 하게 된다. 공룡과 싸울 만큼 매출을 키우고 싶은가? 그렇지 않다면 '이 산업이란 이래~'란 업계의 풍문에 흔들릴 필요 없이 내가 만족할 만한 제품을 만든다는 생각이 가장 중요하다. 밀키트를 제조하기 위해 시장 조사나 빅데이터 분석에 몰두하는 경우도 많은데 메가 트렌드를 좌지우지 하는 제품을 만들 것이 아니라면 내 고객군의 취향과 패턴은 내가 업계 전문가보다 더 잘 안다고 자부하며 핵심 콘셉트가 흔들리지 않도록 해야 한다. 그리고 식품 공장에서 만든다고 퀄리티가 떨어지는 것은 아니다. 레스토랑 키친을 대량화했을 뿐 동일한 프로세스를 적용할 수 있고 규모의 효율화만 갖춘 파트너들도 찾을 수 있다. 결국은 재료비와 공정에 따른 원가를 얼마나 높일 것인가에 따라 퀄리티가 정해지고, 이 역시 시장의 유사 제품을 참고하기 보다는 내가 이해하는 고객군의 입장에서 생각해보는 것이 중요하다.

레시피로 장사할 수 있다는 사람들의 착각

주방에 언제나 오픈되어 있는 레시피. 출근을 시작하자마자 소스 비율이 적힌 노트 사진 찍기에 바쁘더니 바로 다음날 나오지 않는 사람들도 있었다.

밀키트 관련 강의를 할 기회가 많은데 업계 초년생들이 모인 자리의 경우 가장 많이 받는 질문이 있다. 밀키트 제품 뒤에 한글 표기 사항을 적으면 본인의 레시피가 다 공개될 텐데 지적재산권을 어떻게 보호받을 수 있는가에 대한 내용이다.

우선 레시피에 대해 창작자의 권리를 법으로 인정받는 것은, 불가능은 아니지만 거의 힘들다고 봐야 한다. 그리고 법적인 문제와 별개로 레시피라는 것이 완전히 새로운 창작물이기는 어렵고, 오랫동안 만들어왔던 음식에 각자의 해석과 '노하우'가 더해져 그때그때 재료를 가지고 조리하는 가이드라인이 만들어지는 것이라는 생각을 갖고 있다. 물론 남들이 잘하지 않던 메뉴를 떠올려내거나 재료의 조합을 고안해내는 것은 적어도 한국에서는 내가 가장 처음 해낸 것일 수도 있다. 셰프의 킥을 고안해내기 위해 밤잠을 설치기도 하고, 요리책과 인터넷 세계를 뒤지고 다니며, 이렇게 저렇게 해보며 소스의 비율을 테스트했던 내 노력을 누군가가 손쉽게 가져간다면 화가 나는 것은 당연한 감정이다. 심지어 내 노하우를 슬쩍한 뒤에 더 목 좋은 자리에서 더 많은 돈으로 멋지게 풀어낸다면 속이 뒤틀리는 것은 어쩔 수 없다. 나 역시 그럴 때마다 끊었던 담배를 만지작거리던 수많은 밤이 있었다.

툭툭누들타이를 운영하는 10년 동안 레시피 사진 찍어가려고 단기 취업하는 사람도 있었고, 우리 회사를 다니다 창업한 전 직원이 친분 있는 내부 직원을 통해 레시피를 빼내 갔다는 이야기도 귀에 들어오곤 한다. 나도 처음엔 엄청 화가 났고, 소셜 미디어에 욕지거리가 섞인 포스팅을 올리기도 했다. 하지만 이제는 별로 화를 내지 않는다. 물론 갑자기 보살이 되었다거나 평화주의자가 된 것은 아니다. 아이디어를 베끼고 훔쳐가려는 것은 어떻게 해도 막을 수 없다고 체념하게 된 쪽인데 마음을 비우고 나니 오히려 평정심이 찾아왔다. 떡볶이 소스의 비결을 '며느리도 모르게' 운영하는 방법도 있고 혼자 혹은 가족끼리 업장 하나를 살뜰하게 운영할 경우 내 노하우를 좀 더 잘 지킬 수도 있다. 하지만 내가 종일 주방 불 앞을 지키고 서 있을 것이 아니라 팀을 키우고 외부 프로젝트를 하기로 했으면 정보를 나눠야 진행될 수 있다. 그리고 함께 일하는 사람들도 배우는 것이 있어야 의미 있는 시간이 되어 더 오래 근무할 것이고, 여기서 배우는 것은 돈 받고 일한 시간 동안 단순 노동을 반복해 칼질이 더 빨라지고, 웍을 더 잘 쓰고 정도의 수준은 아니어야 한다. 그래서 내 것을 지키는 일도 중요하지만, 결국 뭔가를 하기로 했으면 '일이 되는 방향'으로 관점을 바꾸기로 했다.

그래도 솔직한 마음을 말하자면, 1~2주일 일하면서 레시피를 찍어가려고 한다거나 다른 태국 레스토랑의 셰프가 친구를 통해 우리 레시피를 복사해달라고 했다는 이야기를 들으면 여전히 기가 차기는 한다.

그런데 또 한편으로는 이런 마음도 있다. 레시피 하나 얻었다고 장사할 수 있다는 착각을 한다면, 꼭 당신의 돈을 쏟아 부어 장사를 시작해보라고. 그러면 큰 교훈을 스스로 얻게 될 테니까. 그리고 난 '베끼고 따라 하려면 그렇게 해라, 난 더 앞으로 나아가 있을 테니까!'라는 마음을 다질 수밖에 없다.

'동남아' 음식점 운영하기

'제3국' '동남아'라는 표현이 주는 뉘앙스가 있다. 해외 유튜버들 사이에 한국이 '의외로' '은근히' 인종 차별이 진짜 심한 나라라는 이야기가 퍼지고 있는데, 사실 우리는 우리 문화 속에서 의외이지도 않고 은근하지도 않은 서열 문화가 있다는 걸 알고 있다. 앞으로 우리가 이 문제를 심각하게 받아들이고 바꾸려고 하지 않는다면 K-문화의 글로벌화는 어느새 뚝 끊길 수도 있다고 생각한다. 거창하게 우리 문화의 세계화에 대해서까지 이야기하지 않더라도 '동남아' 문화로 국내에서 사업이라도 할라치면 이런 차별이 일상적으로 느껴진다.

한국보다 물가가 싼 맛에 태국 여행을 다녀온 뒤 방콕 스트리트 푸드와 가격이나 맛을 비교하는 분들은 애교에 속한다. 매장에 있으면 창업 컨설턴트들이 '고객'을 모시고 와서 "저런 태국 애들 갖다 쓰면 돈도 얼마 안 줘도 되고 원가도 얼마 안 들고 진짜 돈 벌기 쉬워요"라고 떠드는 일도 종종 생긴다. '태국 애들'을 대하는 태도는 동네에서도 종종 맞닥뜨린다. 연남동이 지금처럼 젊고 밝아지기 전에는 낮술이 거나해진 어르신들이 우리 셰프들에게 반말로 "너 어디서 왔어?" "뭐하러 왔어?" "너네 나라 가" 하고 주정을 부리는 경우도 왕왕 벌어지곤 했다. 그래서 우리는 더더욱 태국 음식도 '전문가'가 있다는 점을 강조하고 싶어 식당 크기에 비해 오픈 주방처럼 창을 크게 내고 셰프의 모습을 보여주려고 한다. 우리가 더 잘하면 되니까!

짧았던 단골 파티

조금 더 큰 자리로 옮겨서도 첫 매장 시절부터 찾아준 손님들에 대한 고마움은 잊히지 않았다. 전에 다니던 회사에서는 시장성이 없다고 했는데 방향성을 알아주는 것도 감사했고, 무엇보다 내가 망하지 않게 도와준 분들이기 때문이다. 그런데 툭툭누들타이에 찾아주는 분들이 늘어나고 대기줄이 길어지기 시작하면서 예전의 단골손님들이 오지 못하는 일이 자주 생겼다. 그래서 예약을 받기 시작했는데 하루는 예약으로 만석이었는데도 영업시간이 30분이 지나도록 아무도 도착하지 않았고 대기하는 손님 줄은 길어졌다.

구석진 곳에 있다 보니 퇴근길에 차가 많이 밀리기도 하는 등 조그만 공간에서 예약 시스템을 운영하기는 쉽지 않았다.

하지만 우리가 작고 힘이 없었을 때부터 응원하고 찾아주신 손님들이 우리 음식을 즐겨 드시는 건 나에게 중요한 일이다. 그래서 생각한 게 1년에 하루 정도 가게 문을 닫고 프라이빗 파티를 열자는 것이었다. 80% 정도는 내가 모시고 싶은 손님들로, 20%는 직원들이 초대하고 싶은 손님으로 채워졌고 음식과 주류를 무한정으로 냈다. 자주 오시는 분, 유독 맛있게 드시는 모습이 인상 깊었던 분, 직원에게 친절했던 분, 술을 엄청 많이 마시는 분, 바로 옆 가게인 커피 리브레팀 등 특별한 기준 없이 그 순간 떠오르는 분들을 초대했다. 보고 싶은 얼굴들을 보는 것이 반가웠고 또 내가 하고 싶은 음식들을 마음껏 내는 날이기도 했다. 얼굴을 알고 지내지 못하는 손님의 비율이 점점 높아졌고, 그날그날 메뉴를 바꿔내는 셰프의 메뉴보다는 블로그에 언급된 인기 메뉴가 하루 매출의 반 이상을 차지하기 시작하던 때였다. 물론 음식 장사를 하면서 인기 메뉴가 있다는 건 축복이고 감사한 일이다. 하지만 잘 알려지지 않은 태국 음식들을 소개하고 싶은 마음은 채워지지 않았기에 프라이빗 파티는 내가 하고 싶은 요리를 맘껏 선보이는 시간이었고, 그런 음식을 좋아해줄 만한 분들을 초대한 자리였다.

기본 메뉴로 냈을 때 닭이 덜 익었다는 항의가 많아 뺀 부들부들한 태국식 치킨 라이스도 만들고, 좀 더 터프하게 오줌보 등 돼지 내장을 양껏 넣은 얌운센도 무쳐냈다. 동남아식 스프링롤이 맛이 없다는 이야기를 들었던 게 생각나서 어디 한번 보여주고 싶다는 마음으로 새우, 돼지고기, 표고버섯, 죽순, 부추를 잡채 만들듯 따로따로 볶아 속을 만든 '뽀삐아'도 프라이빗 파티에서 처음 만들어봤다. 지금은 소이연남의 대표 인기 메뉴로 자리 잡았다. 몇 년을 신나게 파티를 치르다 초대 리스트에 포함되지 못한 분들의 항의로 직원들이 마음을 다치게 되어서 더이상 하지 못하는 순간이 왔다. 지금은 식당이 셰프의, 사장의 공간으로 존중을 받기도 하지만 그때만 해도 아직은 '손님은 왕' 같은 관점으로 직원들에게 거세게 항의하는 분들이 많던 시절이었다. 그래도 좋아하는 사람들과 판 벌리고 노는 것을 좋아하는 습관은 버리지 못해 소이연남을 열었을 때 다시 한번 파티를 했다. 당시는 마당에서 고기를 굽고 다양한 태국식 소스를 내며 '지나가다 올 수 있는 사람은 아무나 자기 마실 술 들고 오세요!' 하고 SNS를 통해 공지했고 동네 업계 동료들이 많이 모여들어 신나게 놀았다. 민원 신고가 빗발쳐 다시는 하지 못하게 되었지만…

위기의 순간 1

가게 규모가 작아서 몸을 가볍게 움직일 수 있었던 시절에는 한 달씩 문을 닫고 태국에 우르르 여행을 가곤 했다. 여행이 주는 가슴 뜨거워지는 열정을 알기 때문에 그걸 함께 공유하고, 우리 직원들은 적어도 태국 문화를 좋아하는 사람들이었으면 좋겠다는 생각 때문이었다. 아직도 첫 번째 툭툭누들타이 매장 시절 날 좋은 봄에 한 달 문을 닫고 직원과 여행가는 걸 굉장히 호쾌한 모습으로 기억하는 분들이 있다. 사실은 그때 임대료가 하루 매출보다 적은 낡은 장소였고, 직원이 열 명이 채 되지 않아 가능했던 것이라고 생각한다. 그런데 오래도록 지속하고 싶었던 이 문화를 중단하게 된 건 사실 규모가 커졌기 때문이 아니라 장사 경력을 돌이켜봤을 때 가장 아찔했던 에피소드가 일어난 다음이었다.

2013년 4월 송끄란 축제에 참석해 물 반 맥주 반으로 적신 밤을 보내고 겨우 눈을 떠서 해장을 뭘로 할까 행복한 고민을 하던 중 뉴스피드가 '전쟁 위협' '주가 하락' 등 북한의 위협이 시작되었다는 내용으로 채워졌다. 걱정은 됐지만 북한 관련 전쟁 위협 뉴스를 제법 들어오며 커온 세대로서 결국은 별일 없이 잘 해결될 거란 기대가 있었다. 적어도 이게 당장 나에게 어떤 영향을 미칠 거라고는 생각하지 못하며 살아왔다. 문제는 그날 저녁, 함께 방콕 여행을 한 뒤 가족이 있는 고향 이싼으로 흩어진 태국 요리사들이 단 한 명도 연락이 닿지 않으면서 시작됐다. 한국에서 주로 사용하는 메신저부터 태국의 주요 문자 앱, 집 전화까지 모두 연락 두절이었다. 그리고 이러한 상황은 비행기를 타는 바로 그 전날밤까지 계속됐다. 전쟁을 겪어본 분들은 '전쟁 같았다'는 표현을 함부로 쓰지 말라고들 하신다. 아무리 비유라도 함부로 사용하지 말아야 하는 말이라는 걸 공감하는 나도 그 시간 동안 내 마음속에서는 전쟁 같은 불바다가 일렁이고 있었다는 말 말고는 무슨 표현을 갖다 붙여야 할지 모를 정도였다. 겨우 모은 돈을 다 쏟아 부어서 이전 오픈한 매장은 어떻게 운영하나, 태국인 셰프를 다시 구할 수 있을까 등 가게의 운영 방안을 갑자기 바꾸어야 한다는 생각에 눈앞이 막막해졌다. 하루에 여덟 끼도 먹던 왕성한 식욕이 싹 사라졌다. 그때 여행을 같이 갔던 사람들은 내가 마치 시체 같았다고 이야기할 만큼 파랗게 질려 가만히 누워 연락 오기만 기다렸다.

마음을 완전히 접고 한국으로 돌아가려던 전날 모든 태국 셰프들에게서 연락이 왔고 다음 날 공항에 빠짐없이 도착했다. 만나기 전에 불같이 화가 날 거라고 생각했다. 하지만 공항에서 만난 내 오랜 친구이자 동료인 형들의 얼굴을 보니 사정이 이해될 수밖에 없었다. 가족의 생계를 책임지며 한국에 외화벌이를 떠나는 가장들이다 보니 무시무시한 전쟁이 일어날 수도 있다는 뉴스에 가족들이 적극 말리고 나섰던 터였다. 그래서 차마 나에게 말하지는 못하고 자기들끼리 걱정을 나누며 지내다가 괜찮을 것이라는 믿음으로 온 것이었다. 주변 사람들은 책임감 없는 행동이 아니었냐 하기도 하지만, 이들의 정서를 이해하는 나로서는 어마어마한 걱정과 두려움을 책임감으로 겨우 이겨냈던 시간이라고 생각한다. 물론 앞으로는 이렇게 회사 전체가 움직이는 일은 다시는 하지 말아야겠다 생각했지만.

직원들과 여행할 때는 한국에서 당장 소개하기 어려운 메뉴라고 하더라도 한상 가득 차려서 태국 음식의 다양한 맛을 경험하게 해주려고 했다. 이후에는 1년에 한 번쯤 직원 전원이 무기명으로 상대 평가해 뽑힌 우수 사원과 함께 포상 휴가를 다녀오곤 했다.

포상 휴가는 노는 것만으로 끝나는 것이 아니라 꽤 좋은 결과로 이어지기도 한다. 태국 쌀국수의 고장 짠타부리의 제조 공장을 직접 견학하고 우리 국수에 잘 맞는 면을 고를 수 있게 되었고 수입사를 통해 단독 사용하고 있다.

휴가 기간 동안 자비로 태국 여행을 가는 직원에게는 사비로 소정의 경비를 보태주기도 한다. 그만큼 여행의 힘을 믿기 때문인데, 뭐라도 선물을 해야 한다는 생각인지 나와 아내를 위해 길거리 화가에게 초상화를 그려오는 직원들이 종종 있다. 보다시피 초상화는 제발 안 그려왔으면 좋겠다.

위기의 순간 2

사업은 운칠기삼이라는 말을 많이 하는데 난 운팔기이라고 믿는 만큼 사업이, 특히 음식 장사가 기획과 전략대로 진행되지는 않는다고 생각한다. 장사가 잘되고 나서 그 원인들을 찾아서 분석하기는 쉬운데 결국은 어떤 매장이 잘되는 것과 동일한 이유로 다른 매장은 폐업을 결단해야 할 만큼 어려움을 겪기도 한다. 그래서 운이 중요하다는 것인데, 난 장사에서 중요한 운은 대박이 나는 운이 아니라 망할 뻔한 아찔한 순간들을 잘 피해갈 수 있는 운이 더 중요하다고 생각한다. 물론 오해를 피하기 위해 설명하자면, 장사에 있어 '운'이라는 것은 로또에 당첨된다거나 나이키 레어템 운동화에 당첨되는 종류의 운과는 다르다. 어떤 브랜딩이나 전략이나 메뉴, 인테리어를 효과적으로 짜더라도 매장이 흥하거나 무너지거나 하는 것은 온갖 종류의 디테일에 좌우된다. 특정 손님에게 건넨 말 한마디가 대대적인 불매운동으로 커질 수도 있고, 직원에게 했던 사소한 행동 하나가 신뢰의 균열, 퇴사, 혹은 더 복잡한 송사가 오가기도 하고, 그날 따라 소스의 간 보기가 귀찮던 순간에 중요한 인플루언서나 평론가 혹은 오랜 단골이 찾아와 큰 실망을 하고 돌아갈 수도 있다. 에이 별일 없을 거야 하고 방치했던 매장의 작은 일들이 갑자기 큰 사건이 될 수도 있는데, 그런 사소한 디테일들을 어떻게 다루느냐가 외식업의 성패를 결정한다고 생각한다. 외식업에서 이것들을 '운'이라고 퉁쳐서 말하는 경우가 많은 것은 매일, 아니 매 시간이 변수로 가득한 나날이어서 "진작에 완벽하게 했으면 됐을 거 아니야"라는 말로 충분히 대비하기가 어렵기 때문이다. 외식업의 사건사고 속 사장의 소회 속에는 "하필이면 그날…"로 시작하는 후회가 많을 수밖에 없는 이유다. 이런 의미로 운이 중요하다면, 난 제법 운 좋게 장사를 꾸려오고 있다. 별로 가진 것 없이 시작했기 때문에 아무리 망해도 처음과 다를 게 별로 없다는 생각에 마음을 졸여본 적이 없기도 했다. 하지만 이만하면 어지간한 일은 다 겪었다 생각했던 10년 차에야 아, 이러다 나 정말 망하나? 나의 운이 다해버린 것 같은 일을 맞닥뜨렸다.

Covid 19

미국 외식업계에는 '테플론 식당'이라는 표현이 있다고 한다. 금융 위기나 테러 위협 등 외식업계를 뒤흔드는 어떤 위협도 '달라붙지 않고' 매끈하게 운영되는 식당이라는 뜻이다. 미국의 경우 슈퍼리치 고객이 찾는 고급 레스토랑이 대부분 이 분류에 드는데, 우리나라의 경우에는 맛이 좋은 대중 식당에 대해 '먹는 장사는 안 망한다'고 말하는 케이스와 비슷한 모습이다. 먹는 장사라고 왜 안 망하겠냐만은 한국인은 거의 모든 분야에서 소비를 축소한다고 해도 먹는 데에는 최후까지 지갑을 열기 때문이라고 생각한다. 우리도 한식, 분식처럼 일상식은 아니지만 캐주얼하게 찾을 수 있는 식당이어서인지 장마, 태풍, 사스, 메르스, 전쟁 위협, 정권 퇴진 집회 열기 속에서도 영향을 받은 적이 거의 없었다. 그래서 아 우리도 테플론 식당인가? 생각하던 차에 맞이한 코로나19에는 식당을 하는 사람으로서 상상할 수 있는 거의 모든 어려움이 밀려왔다.

처음 뉴스가 보도되기 시작할 때는 이렇게 오래 지속될 거라고 생각하지 못했다. 자그마한 사건들이 벌어져도 결국 세계는 자체의 질서를 찾아간다는 것이 비교적 평온한 나라에서 살아가며 갖게 된 매우 잘못된 착각이었다. 그러나 생각 외로 세계의 질서는 오랫동안 엉망진창이었고, 준비되지 못한 외식업자들은 속수무책이었다. 그중 가장 어려운 건 무엇일까? 뉴스에서는 사회적 거리 두기와 시간 제한을 꼽으며 그에 대한 보상안을 영세사업자 위주로 지원해주겠다고 보도하지만 코로나19는 사업의 크기나 방향과 관계없이 다양한 부분에 촉수처럼 영향을 뻗어 나갔고 이 글을 쓰는 '위드 코로나' 기간 동안에도 상처는 남아 있다.

사회적 거리 두기와 시간 제한

규정의 빈틈이나 현장과의 괴리에 대한 비판에 에너지를 쏟고 싶지는 않다. 정부의 방침이라는 게 원래 삶의 구석구석을 모두 담을 수는 없는 것이라고 생각하기 때문이다. 그럼에도 불구하고 규제안이 나오면 최대한 다 지키려고 하는데, 그건 내가 모범생 기질이 있어서는 절대 아니고 자잘한 일로 '에이 괜찮겠지' 하면서 사업에 대해 모험할 여유가 없기 때문이다.

사회적 거리 두기 1m를 좁은 매장에서 엄격하게 지키는 건 결국은 매출의 감소와 연결됐다. 정부 규제안을 완벽히 따르자면 좌우뿐만 아니라 앞뒤까지 거리 두기를 해야 해서 20% 정도의 테이블을 사용할 수 없다. 사실 이때 이렇게까지 하지 않는 식당들도 있었지만, 코로나19에 대한 위협감이 워낙 컸던 시기라 손님을 매일 만나야 하는 직원들과 손님에게 우리 모두의 안전을 생각하는 매장이라는 인상을 남기고 싶기도 했다. 물론 인원 제한을 엄격하게 지키는 통에 성난 항의를 받기도 했다. 옆 테이블에 적당히 앉으면 되는데 식당 아르바이트생이 무슨 방역 감시관이라도 된 듯 구느냐고 화를 내는 손님도 있었다. (참고로 많은 손님들은 사장이 아닌 직원을 '알바'라 칭하며 리뷰를 남기는 경우가 많은데, 대부분 정직원이다. 만일 그렇지 않더라도 식당 직원을 그냥 식당 직원이라 칭하는 리뷰 문화가 생겼으면 좋겠다) 처음 겪는 익숙지 않은 일이라 제한하는 쪽이나 제한받는 쪽이나 여러모로 힘든 시기였다.

그리고 시간 제한은 술집뿐만 아니라 밥집에도 적잖은 영향을 끼쳤다. 직장인이 퇴근하고 테이블을 채우기 시작하는 시간은 대부분 오후 7시 이후인데 손님들이 2차를 갈 수 없으니 자리를 뜨지 못하고 평소에는 두세 번 회전되는 테이블이 한 팀의 고객으로 장사를 마감하게 된다. 코로나19 기간 동안에도 테이블이 만석인 장면을 본 사람들은 잘되니 좋겠다는 이야기를 했지만, 문제는 툭툭누들타이는 하루 종일 만석인 경우에 손님이 불편하지 않도록 하기 위해 구조적, 인적 세팅을 해두었다는 점이다. 잠시 동안의 위기가 찾아온다고 해서 이걸 함부로 바꿀 수도 없는 노릇이다. 그동안 합을 맞춰온 직원을 잃고 싶지 않았고, 널찍하게 짜인 공간은 한 사람이 멀티태스킹할 수 없는 구조여서 손님이 줄어든다고 적은 인력으로 운영하기도 쉽지 않았다.

즉석제조면허와 밀키트 시작

코로나19로 인한 사회적 거리 두기 정책이 완화될 것 같지 않아 보이는 시간 속에 연말을 맞이했다. 줄어든 매출 대비 큰 규모의 조직과 함께 갑작스럽게 여유로운 시간을 맞이하게 되었고 그동안 미뤄왔던 대청소를 시작했다. 그러고도 남는 시간에 낡은 페인트칠도 덧바르고 차양을 청소하고 주차장의 구석구석에 쌓인 꽁초를 주웠다. 그래도 '정상의 시간'은 돌아오지 않았다. 아, 이 일을 어떻게 하나 싶었다. 원래 규모가 큰 팀이기도 했고, 주방에 전문 인력이 많이 필요해 매출의 40% 안팎을 차지하던 인건비가 60%로 치올랐다. 변경되지 않는 임대료 등 고정 비용들도 마찬가지였다. 한번도 월급날이 두려운 적이 없었는데 이번에는 입안이 바싹 마르는 기분이었다.

그때 홍대 학생이었다가 결혼 후 강남에 터를 잡은 단골손님이 입덧이 심해졌다며 퀵서비스로 우리 똠얌꿍을 주문하는 일이 생겼다. 몇 번을 반복하더니 택배로 여러 개를 받아 냉동해두고 먹고 싶다며 연락해왔는데 갑자기 눈이 번쩍 띄었다. 즉석제조면허 신고를 해서 밀키트를 팔아보자! 마침 코로나19 분위기가 심상치 않아 집에서 모임을 하기 시작하는 연말이기도 해서 서두르자 싶었다. 크리스마스를 4일 앞둔 때에 무작정 구청에 찾아가서 위생과에 문의하고, 여차저차해서 이틀 만에 허가를 받고, 크리스마스이브 전날에 택배를 보낼 수 있게 되었다. #툭툭누들타이해장탕 '빨간맛(똠얌꿍)'과 '하얀맛(완자탕)' 한동안 택배차를 하루에 두 개씩 채워 보내야 할 만큼 판매가 잘됐다. 지금은 전만큼 폭발적인 수량은 아니지만 연남동까지 오기 힘든 고객들에게 매장에서 직접 요리한 음식을 그대로 보내줄 수 있다는 즐거움이 크다.

우연히 시작된 배달

코로나19 직전에 어쩌다가 배달을 시작하게 됐다. '어쩌다가'라고 말하는 건 배달을 시작한 계기 때문이다. 직원 중 한 명이 눈뜨자마자 아이스아메리카노를 배달시켜 먹는다는 이야기를 들었다. 한식이나 중식 등 배달 음식 자체를 잘 안 시켜 먹기 때문에 배달 문화를 잘 모르기도 했지만 배달비가 커피값보다 더 비싼데? 심지어 배달 오는 동안 녹아버릴 아이스커피를? 신기한 생각이 들었고, 다른 세상이 찾아올 것 같은 예감이 들었으며, 우리도 배달을 해보고 싶었다. 실행이 쉽지는 않았다. 그때는 손님이 줄 서고, 맛에 신경을 쓰는 식당이 배달을 한다는 건 최소 헛짓, 누구에게는 돈에 눈이 멀었냐는 비웃음을 살 일이었다. "배달까지 해? 난리났구나" 유의 반응이랄까. 무엇보다 직원들의 반대가 컸다. 안 하던 일이 많아지는 걸 싫어하는 쪽도 있었고, 우리의 격을 떨어뜨린다는 반응도 있었다. 그래도 테스트해보고 싶었다. 태국 음식을 시키는 사람들이 있을까? 우리 음식이 배달을 가서도 괜찮을까? 우선은 직원들을 설득해야 했기 때문에 배달로도 맛있는 음식만 배달하기로 했다. 면이 붇지 않고 국물의 맛이 밋밋해지지 않으며 질감이 변하지 않는 포장법을 연구했다. 오토바이 배달 조건처럼 가져와서 1시간씩 방치했다가 먹어보고, 재가열해서도 먹어봤다. 그렇게 시작한 배달이 자리 잡았을 때쯤 코로나19의 시대가 왔고, 준비가 된 상태에서 전 매장으로 배달을 확장할 수 있게 되었다.

PART 2

Thailand Travel Guide

Inspirational Thailand

    매년 두 번 정도는 태국에 가려고 노력한다. 혼자 훌쩍 다녀오는 때도 있고 우수 직원과 함께 가는 포상 여행을 인솔하기도 한다. 외식업계 사람들이 해외여행을 떠날 때면 출장인지, 놀러 가는 여행인지 짓궂게 묻는 분들도 있다. 소셜 미디어를 통해 보는 우리들의 여행은 먹고 마시는 시간들로 가득차기 때문일 것이다. '출장'이 기업에서 구체적인 목적을 갖고 미팅이나 벤치마킹하러 가는 좁은 의미라면 우리의 여행은 출장은 아니다. 그런 딱딱한 이름보다는 차라리 'Inspiration trip(영감 여행)'이라고 부르고 싶다. 이건 메뉴나 플레이팅 방식 같은, 내 식당에 즉각 활용할 아이디어를 찾는 것과는 또 다르다. 궁금했던 식당을 방문해서 메뉴의 처음부터 끝까지 먹어본다거나 그곳의 셰프들과 한잔 두잔 술을 나누며 늦은 밤까지 대화를 나누기도 한다. 시장이나 식료품점, 길거리 노점상을 돌며 보고 듣는 것이 모두 영감의 소재가 되고, 도시 전체가 공부 주제가 된다.

    영감을 받으며 나의 열정 온도를 데운다면 기능적으로 도움이 되는 일도 있다. 늘 먹고 자라온 음식이 아닌 '이국적인' 음식을 팔고 있다면 내가 소개하고 싶은 음식의 방향성, 지향점을 수시로 확인해볼 필요가 있다. 식당을 운영하다 보면 국내의 한정된 재료로 반복된 작업을 해야 하고, 특이한 향이나 센 간에 대한 불편함을 표시하는 고객을 꾸준히 만나게 된다. 일주일에 한 번씩이라도 부정적인 피드백을 받는 것이 지속되다 보면 마음의 구멍이 점점 커지기 마련이다. 이걸 잘 다스리면서 개선해야 할 점에 집중하고 자기 중심을 잡는 것이 현명하고 성숙한 식당 주인의 모습이겠지만, 그런 모습은 교과서에나 있는 것이겠지… 10년을 운영하고도 가끔 '너무 짜다면 맛을 확 낮출까' '팟타이 소스의 타마린드 맛이 너무 시다면 우리도 케첩으로 만들어버려?' 잘못된 한탄을 하게 될 때도 있다. 그럴 때면 태국을 찾아가 내가 원래 좋아했던 음식의 맛을 생각하며 중심을 잡으려고 하고 현지의 감성과 맛, 재료에 대한 접근법을 다시금 느끼려고 한다.

그리고 이 '영감 여행'의 출발은 언제나 로컬 태국인들이 가는 시장을 방문하는 것부터 시작된다. 시장 구경을 좋아하는 분들은 방콕의 야시장이나 짜뚜짝 주말시장을 많이 찾는데, 치앙마이 지역으로 가면 좀 더 조용하면서 진짜 현지인들을 위한 재미있는 지역 시장이 많다.

◉ 정글 마켓

치앙마이에서 차로 1시간 30분 정도 가면 나오는 람푼 지역에 있는 재래시장이다. 이름에서 추측할 수 있듯이 '와일드'한 경험을 할 수 있는 곳이다. 우리가 정글 마켓에 간다고 하니 치앙마이 도시 토박이들은 정글 괴물 쇼핑하려 가냐며 낄낄거릴 정도로 치앙마이 사람들에게도 낯선 시장이다. 예전에는 야생동물 고기를 많이 팔았다고 하는데 지금은 '순한 맛'으로 바뀌었다.

도로변에 차를 대면 낡은 천막들이 줄지어 있는 것이 보인다. 방콕이나 치앙마이의 시장이 개방된 느낌으로 넓게 펼쳐져 있다면 천막을 모아 그늘을 형성하려고 한 것처럼 폐쇄적인 느낌이다. 들어서자마자 대나무쥐, 거북이, 개구리, 개미알, 애벌레가 있는 벌집 등 평소에 보기 어려운 재료들이 많다. 그래서 괴식 재료를 구경하러 가는 곳 같지만 정글에서 채집한 제철 야생 버섯 등 신선한 채소도 많이 볼 수 있다. 치앙마이 시내의 고급 레스토랑 셰프들도 재료를 사러 오는 곳이라고 한다.

햇텁
1년에 단 한번 5~6월 우기에만 채집할 수 있는 야생 버섯으로 귀한 고급 재료다. 단단한 껍질 같은 검은 겉면은 딱딱하고 속은 촉촉하다. 끓여서 각종 요리에 넣으면 진한 트러플과 송이버섯 느낌으로 독특한 향이 매력적이다.

소고기보다 비싼 가격에 팔리는 귀한 개미알

살집 좋은 식용 개구리와 식용 대나무쥐

직접 재배 혹은 채집해 판매하는 농민들 앞에서 괴식 재료를 보고 호들갑 떨지 않으려고 노력하지만 흠칫 놀라는 경우도 있다. 식용 대나무쥐 만큼은 정말 적응되지 않는다.

◎ 윈난 마켓

태국은 물론이고 국내 여행이나 다른 어떤 나라를 가더라도 떠나기 전에 그 지역의 재미있는 로컬 시장을 엄청 검색해본다. 그러다 알게 된 윈난 마켓은 치앙마이 토박이 친구들도 들어본 적이 없다며 의아해했던 곳이다. 다음 날 택시기사도 길 찾는 데 애를 먹고 엉뚱한 골목에 내려줘 결국 구글 맵에 의존해 10여 분 정도를 걸어 들어갔다.

현지인들도 잘 모르는 '무명'의 시장 같은 곳인데 그 안의 세상으로 발을 내딛으니 엄청 북적이고 재미있는 장면이 펼쳐졌다. 혜화동에서 일요일이면 열리는 필리핀 마켓을 알고 있는 사람이 많지 않듯이 아는 사람만 찾아오는, 그런데 알고 나면 너무나 특색 있는 시장이다.

방콕에서 터를 잡고 번창한 화교층과 달리 이곳의 중국 이민자는 그보다 더 일찍 건너온 윈난 지역 출신들이다. 많은 사람이 이슬람교도이기 때문에 중국 재료뿐만 아니라 양고기, 할랄 푸드, 다양한 향신료를 볼 수 있다.

코로나19로 상점 대부분이 문을 닫아 유령 도시가 된 듯한
나이트 바자를 지나자 갑자기 북적이는 골목

태국 재래시장에 가면 흔하게 살 수 있는 생그린 후추. 한 줄기만 넣어도 독특하게 알싸한 맛을 더할 수 있다.

건조해 파는 오리

직접 기른 농산물을 가져와 판매하는 농민

윈난 마켓에서는 다양한 향신료를 구할 수 있다.

할랄 방식으로 도축한 육류 및 다양한 이슬람 문화권 음식을 접할 수 있다.

⊙ 와로롯 마켓

치앙마이 핑강 옆에 자리한, 치앙마이의 과일 시장으로 잘 알려져 있다. 쌈깡팽 온천을 찾는 관광객들도 썽태우(미니버스)를 타기 위해 많이 모여드는 곳인데, 구석구석을 좀 더 구경하면 꽤 재미있다. 우리나라의 남대문시장과 영등포 청과시장을 합친 느낌이고, 아기자기한 재미는 덜하지만 의외의 득템을 할 수 있다.

오래 기른 닭의 지방은 노란빛을 띤다.

신선한 내장이 촉촉하다.

머리를 꺾어 하트 모양으로 만들어 파는 고등어. 동그란 찜기에 넣어 요리하기 때문이다.

보는 것만으로도 즐거운 신선한 과일들

촌스럽게 예쁜 열대 과일 프린팅의 앞치마들

짜뚜짝 주말시장보다 규모는 작지만 필요한
그릇들이 알차게 구성되어 있다.

우리 셰프들이 매일 기도 올리는 데 필요한
용품도 이곳에서 산다.

무심하게 쓰이는
도매상들의 물건도
컬러풀하다.

◉ 찡짜이 마켓

러스틱 마켓 혹은 찡짜이를 줄여 JJ 마켓이라고도 불리는데 찡짜이는 태국어로 '진심'을 뜻한다. 앞에서 소개한 다른 시장들과는 매우 다른 느낌으로 오히려 샌프란시스코나 도쿄의 파머스 마켓과 분위기가 비슷하다. 유기농산물도 볼 수 있고, 엑스트라 버진 올리브 오일을 만들듯이 생선을 으깨지 않고 맑은 물만 받아 만든 피시 소스 등 퀄리티 좋은 전통 재료들도 다양하게 구경할 수 있다.

방콕의 짜뚜짝 주말시장에서 흔히 보는 것과는 차원이 다른 퀄리티의 바나나 잎으로 만든 그릇들을 구매할 수 있다.

손으로 촘촘하게 자수를 놓은 리넨 원피스. 코로나19가 끝나면 툭툭누들타이 매장에서 재미있는 이벤트 등 특별한 날을 위해 아내에게 선물했다.

자기 문화에 대한 자긍심이 강한 나라인 만큼 현대 아티스트들의 전통 크래프트를 기반으로 한 창의적인 작품들이 많다.

방콕의 아침

방콕과 한국의 두 시간 시차는 별것 아닌 듯하지만 정말 재미있는 경험을 할 수 있게 해준다. 현지 시간으로 새벽 5시쯤 무리없이 눈을 뜨게 되고, 그러면 곧장 숙소를 나선다. 호텔 조식 서비스를 이용하면 이국적인 과일을 잔뜩 먹을 수 있는 즐거움도 있지만 길 밖으로 나서면 방콕 로컬들의 아침 에너지를 느낄 수 있다.

서울보다 훨씬 큰 생활권의 방콕은 구역마다 확연히 아침 분위기가 달라 이걸 경험하기 위해 호텔을 자주 옮기는 통에 함께 여행하는 사람들을 고생시킬 정도다. 더운 나라에 걸맞게 하루를 일찍 시작해 새벽부터 분주한 모습인데 출근하는 사무직이나 공장 노동자, 등교하는 학생, 탁밧(탁발)하는 스님들이 바쁘게 움직이고 그들을 대상으로 하는 아침 시장이 성시를 이룬다. 집안일을 도와주는 사람을 따로 쓸 정도의 부유층이 아닌 이상 도시에 사는 사람이 아침을 집에서 해 먹는 경우는 드물기 때문에 거의 모든 사람이 이 아침 시장에서 하루를 시작한다고 해도 무리가 아니다.

대표적인 아침 메뉴로는 꼬치, 구운 닭, 쪽(죽), 커무양, 족발덮밥 등이 있다.

재미있게 봤던 영화 '행오버' 2탄 방콕편에서 마음에 들지 않는 딸의 약혼남에게 "넌 매력도 없는 '쪽(죽)' 같은 사람"이라고 일갈하는 장면이 나온다. 쪽 자체는 무향무미의 흰쌀죽 느낌이지만 다양한 양념과 토핑으로 화려하고 맛있게 즐기는 음식이어서 쪽 입장에선 참 억울했을 듯…

    태국에서는 "나는 공부하는 사람이야" "나는 일하는 사람이야" 하고 지금의 상황이 신분을 설명하는 듯한 표현이 있다. 그만큼 일하지 않고 가족의 지원을 받으며 공부에 전념할 수 있는 학생 신분은 자긍심을 나타내고, 그래서 중학생부터 대학생까지 교복을 입는 것이 자연스럽다.

    아침 상인들은 매일의 일상임에도 두리안이라든가 제법 값이 나가는 물건을 시주하며 진지한 기도를 올린다.

    태국은 길거리 경험의 모든 부분에 비닐봉지가 함께한다고 해도 과언이 아니다. 뜨거운 찹쌀밥이나 음료수까지도 색색의 비닐봉지에 담아주는 모습을 보며 꽤 당황했다는 사람도 많다. 수도 시설이 마련되지 않은 푸드 카트가 워낙 발달했고 자연스레 규제는 엄격하지 않은 편이다. 하지만 최근 이상 기후나 바닷가의 쓰레기 재해에 대해 우려하는 사람들이 늘어나면서 일회용품을 줄이자는 움직임이 생겨나고 있다. 탁발하는 스님 중에도 다회용 용기와 에코백을 들고 다니는 모습이 조금씩 보여 인상 깊었다.

    여행 다녀온 도시가 냄새로 기억되는 경우가 있는데, 방콕은 공항 택시에서 내리자마자 매운 고추씨 냄새로 가득한 느낌이다. 물론 도심지 전체가 방앗간일 리는 없고 낡은 썽태우(미니버스), 툭툭이 뿜어내는 매연이다.

    냉방 시설 없는 만원 버스와 트럭에 몸을 싣고 출근하는 일이 일상적이다.

방콕의 아침 맛집

한국에서 야식의 대표 메뉴인 족발이 태국에서는 흐물흐물할 때까지 삶아 먹는 아침 메뉴다. 족발을 끓이고 난 들큰한 느낌이 있는 간장 육수가 밥도둑인데, 잡내를 잘 잡는 것과 곁들이는 칠리소스의 맛에 따라 맛집 여부가 갈린다. 국내 방송에 소개되고 나서 거의 국민 족발집 같은 유명세를 타는 짜른쌩 씰롬은 현지인들도 정말 좋아하는 식당으로 족발은 낮 12시만 지나도 매진된다. 족발 외 내장 수육도 추천한다.

태국 스트리트 푸드는 구이나 볶음 요리에서 더욱 빛난다. 특히 세숫대야만 한 법랑대야에 숯을 가득 채워서 닭을 구워주는 노점이 종종 보인다. 한국의 치킨을 넘어서는 닭 부심이 있는 곳이 태국인데 노점마다 자기만의 소스를 개발하는 편이다. 사진의 노점은 올드 차이나타운에 있으며, 겉은 바삭하고 속은 촉촉하게 구운 닭에 남찜째우를 곁들인다.

차이나타운의 오래된 건물을 개조해 1층은 바로, 2~4층은 부티크 호텔로 운영하는 바하오는 태국에 갈 때마다 꼭 들른다. 엘리베이터가 없고 화장실이 전면 유리로 색다른 충격을 주지만, 방콕의 힙한 바 톱 5 안에 드는 바가 있고, 예술적 감각을 가지면서도 서글서글한 매력의 오너 노트Note와 어울리는 즐거움도 있다. 무엇보다도 전날 밤까지 신청하면 인근의 아침 맛집에서 (아마도 비닐봉지에 담아) 포장해온 음식을 예쁜 그릇에 담아주어 편하게 먹으면서 태국 가정식 느낌으로 인증샷도 찍을 수 있어 매력적이다.

짜른쌩 씰롬

가이양

카오만가이와 쭉

치앙마이의 카페

치앙마이는 카페의 도시다. 잠시 일상에서 떠나고 싶거나 프리랜서로 살아갈 수 있는 디지털 노마드족들이 '치앙마이 한 달 살기'를 하는 건 우리나라 사람뿐만은 아니다. 자연스레 다양한 국가의 창의적인 사람들이 모여드는 '에어컨 빵빵한' 카페가 많이 생겨나고, 치앙마이 바리스타들의 로컬 원두에 대한 사랑과 결합되어 그 문화가 더욱 풍성해졌다.

그런데 치앙마이가 커피의 도시가 된 것은 그리 오래되지 않은, 얼마 전 돌아가신 선왕대의 일이다. 그전까지만 해도 치앙마이는 국경을 넘어 질 좋은 마리화나의 공급처였고 농민들도 중독에 빠지기 십상에 관련된 범죄 문제도 심각했었다. 선왕 라마 9세가 마을마다 찾아다니며 고산 지대 소수 민족 농민들을 설득하고 기술 전파를 지시한 것은 전설적인 이야기다.

치앙마이에서 지역 원두를 많이 쓰는 건 지역 농민을 지지하는 의미도 있다.

치앙마이 커피 맛은 전체적으로 상향 평준화되었다.
그중에서도 요즘 치앙마이 사람들이 많이 찾는 '그래프 카페'

태국의 친구들

당연한 이야기지만 여행으로 방문한 횟수와 그 나라 문화를 이해하는 깊이가 비례하는 건 아니다. 특히 태국의 경우는 더욱 그렇다. 대부분의 사람들이 태국 여행은 휴양지나 도심 관광지를 중심으로 가기 때문에 방콕 스트리트 푸드나 코끼리 여행, 바닷가 휴양지, 노마드족의 한 달 살기 좋은 도시인 치앙마이 정도가 알려져 있다. 하지만 태국은 우리가 생각하는 것보다 훨씬 더 다양하고 문화적으로 발달했으며 창의적인 에너지를 가지고 있다. 방콕을 둘러싼 중부 지역과 치앙마이를 중심으로 한 북부 도시, 북부 고산 정글 지역, 남부 바닷가, 무슬림 국가와 국경이 맞닿은 지역, 꽤 뿌리 깊게 자리 잡은 화교 역사 등 문화적 차이가 크다. 그리고 이 문화들이 자유롭고 유연하게 공존하며 발전해왔다. 오랜 시간 동안 우정을 나눠온 친구들 덕분에 태국의 다양한 결을 볼 수 있어 운이 좋았다고 생각한다.

○ 치앙마이 시스터즈

"이게 무슨 일이야? 전생에 목숨이라도 구해줬어?"

치앙마이 여행을 함께 다녀온 임정식 셰프가 나의 치앙마이 친구들을 보고 한 말이다. 치앙마이에 갈 때면 내가 좋아한 식당과 시장부터 새로 생겨서 가봐야 할 곳 등 촘촘한 프로그램을 짜서 워낙 살뜰히 보살펴주기 때문이다. 오죽하면 수시로 쏟아붓듯 비가 오는 우기에 여행을 가도 일주일 동안 비를 한번도 안 맞을 정도다. 그만큼 비가 내리고 멈추는 시간까지 살펴가며 편하게 보살펴주는 친구들과의 인연은 좀 누나로부터 시작됐다.

2009년 홍대 앞 한국형 이자카야에서 일할 때였다. 첫 여행을 다녀온 뒤 완전히 매료되어 있던 때라 태국에서 온 손님이 있으면 신나게 대화를 나눴다. 좀 누나는 동네마다 무용담처럼 전해지는 술 엄청 잘 먹는 사람처럼 막걸리를 마셔댔다. 나도 아무리 술을 쏟아부어도 흔들리지 않는다고 해서 '연남동 느티나무'라고 불리던 시절인데 어떨 때는 못 이기겠다 싶을 정도로 술을 잘 마시는 분이라 쿵짝이 맞았다(이 말술 누나가 치앙마이 공영 방송국 아나운서라는 사실을 뒤늦게 알고는 깜짝 놀랐었다).

그렇게 서울과 치앙마이를 오가며 서로의 친구들도 만나면서 마치 가족과도 같이 친한 사이가 됐다. 태국에는 '그룹' 문화라는 게 있는데, 20대 초반쯤에 환경과 정서가 잘 맞는 친구들끼리 무리가 형성되면 거의 평생 동안 약간은 폐쇄적인 형태로 끈끈하게 지내곤 한다. 서로를 이끌어주고 가족과 친구를 보살펴주기도 하는데, 나는 자연스레 좀 누나의 그룹에 소개되어 다른 친구들과도 긴밀한 관계가 되었다. 우리의 친구 개념에서는 약간 신기할 정도여서 전생에 목숨을 구했냐고 농담할 정도로 챙겨주는 것은 그 문화의 확장이라고 생각한다.

운 좋게 치앙마이 친구들도 미식가이고 식당이나 바를 운영하는 업계 사람도 있어서 어떤 메뉴를 물어봐도 '요즘 가장 맛있는 집'을 찾아 소개해준다. 언어나 교통수단의 장벽 때문에 외국인으로서는 찾아가기 어려운 곳에 가서도 새롭고 깊은 경험을 할 수 있다. 얼마 전에 찾은 '정글 마켓'은 고산지대 농부들이 직접 채취한 농산물을 파는 곳인데 당연히 영어는 전혀 통하지 않고 그쪽의 방언은 내가 전혀 이해할 수 없는 억양이었다. 그럼에도 친구들과 함께하면서 진귀한 재료들의 제철 시기나 요리법, 보관이나 관리법들을 배울 수 있었다. 그리고 태국식 소시지를 전문적으로 배우고 싶다고 했더니 금방 수소문해 프라이빗한 공장 투어를 연결해주었고 가족끼리 내려오는 시크릿 레시피를 배울 기회를 얻기도 했다.

임정식 셰프와 태국 친구들

건축가이자 셰프인 친구 Noid의 레스토랑 Aiya Cafe

왜 타이어 공장에 데려가나 했더니 공장 뒤편에 소규모 소시지 공장이 있었다. 어머니가 취미로 만들던 레시피가 소문이 났고 지금은 전국적으로 유통하는 브랜드가 되었다.

세 가지 허브와 쪽파, 라임 잎, 고수를 넣어 만든 소시지

소시지는 코코넛 껍질로 만든 숯에 앞뒤로 20분씩 구워 마무리한다. 온도를 물어보니 한번도 재본 적이 없다고…

치앙마이 북부 정글 지역에서 1년에 한 번 우기 동안에만 자연 채집할 수 있는 버섯으로 우리를 위해 특별히 소시지를 만들어 주었다. 워낙 귀하고 비싼 버섯이라 지역 공영 방송국에서 취재를 나올 정도라고 한다.

와로롯 마켓은 다양한 기물을 살 수 있어 우리 나라로 치면 남대문의 느낌이다. '좀'누나에게 받았던 가장 큰 도움은 매장을 오픈할 때 도매시장에서 물건을 흥정하는 것부터 포장, 배송, 국내에서 통관을 위한 서류 작업까지 모두 도와줬다.

2011년 툭툭누들타이 오픈 때 선물받은 시계. Chiangmai 2011이라고 손글씨가 써 있다.

치앙마이 친구들

치앙마이에서 사서 보낸 코끼리컵에 생맥주를 담아주곤 했는데, 손님들이 자꾸 가져가서 몇 개 남지 않았다.

◉ 방콕 보이즈

방콕에는 톰이 있다. 톰은 10여 년 전 아내가 뉴욕에서 요리학교를 다닐 때 동기였는데 나와 잘 맞을 거라며 소개해줬다. 4분의 1은 중국계, 4분의 3은 베트남계로 3대째 태국에 뿌리내리고 사는 톰은 뉴욕 소호에서 키티차이라는 호텔의 태국 파인 다이닝에서 일한 뒤 가업을 잇기 위해 태국으로 돌아왔다. 소울 있는 음악이나 스트리트 패션을 좋아하는 것도 나와 맞았지만 첫날 'pre-dinner'를 먹자는 말에 앞으로 우리는 꽤 친해지겠구나 생각이 들었다. 'pre-dinner'란 즉 식당에 저녁 예약이 되어 있는데 또 다른 식당에서 '식전 식사'를 하는 것을 말한다. 우리에게 소개해주고 싶은 음식이 그만큼 많아서이기도 하지만 어쨌거나 기회가 되면 언제든지 먹을 수 있는 동족인 셈이었다.

식전 식사로 메뉴를 열 개쯤 고르자 아내는 어이없어했다.

톰하고 쿵짝이 잘 맞는 건 자유롭고 창의적인 모던 방콕 문화에 대한 취향이다.

'동남아 국가'에 대해 우리가 알고 있는 좁은 편견과 달리 태국은 문화적으로 많이 발전된 나라다. 그 점을 잘 아는 사람들은 태국 광고를 예로 든다.

성 정체성이 다양한 나라여서일까? 대범하고 유연한 사고가 담겨 있다.

PORTRAIT OF CHAROENKRUNG, BANGKOK
Chalearmpon Udompornprasith
2020. Dev & Scan by Flashbox.

톰과 우리 부부가 요즘 가장 좋아하는 방콕의 짜른끄룽은 한국 사람들은 을지로나 성수에 비교하고, 해외에선 뉴욕의 미트패킹Meatpacking과 비교한다. 오래된 문화 속에 태국의 힙스터들이 모여들었다고 평가받는 곳이다.

짜른끄룽 지역을 담은 길거리 사진전. 서문에 '짜른끄룽을 사람에 비유한다면 젊은 마음을 가진 백발의 노인이 젊은 '친구'에게 자신의 지혜를 나누어주는 모습'이라고 써 있었다.

짜른끄룽에서 이어지는 골목인 '소이 나나'는 재미있는 일이 많이 벌어지는 곳이다. 그 길 끝에는 내가 좋아하는 바 겸 호텔 바하오가 있다.

바하오의 오너 노트Note를 보면 이 지역을 설명하는 '힙하다'는 표현은 어색하다. 태국의 젊은 아티스트들에게는 소울풀Soulful하다는 말이 더 잘 어울린다.

오래된 건물을 개조해 1층에는 방콕에서 가장 힙한 바 중 하나인 바하오를, 2~4층은 부티크 호텔을 운영하고 있다.

툭툭누들타이 사장이 소개하는 태국 단골 가게

방콕과 치앙마이에서 좋아하는 식당을 꼽으라면 책 한 권을 써야 할 정도의 양이고 온라인으로 검색해도 정보가 많아 방콕이나 치앙마이의 Best 맛집에 페이지를 할애하지는 않아도 될 것 같다. 대신 특색 있거나 태국에 갈 때마다 들르는 단골집을 소개한다.

반솜땀

반Baan은 '집'이라는 뜻으로 이름 자체가 '솜땀의 집'인 만큼 대단한 솜땀을 다양하게 내는 곳이다. 뒤에 소개할 '반아이스'와 함께 가장 좋아하는 태국 음식점 중 하나인데 '~~집'이라는 이름을 붙일 만큼 한 요리에 대해 깊이 연구했다는 기대가 생긴다. 물론! '반'이 붙은 집이라고 다 맛있는 건 아니다. 한국에서도 어떤 음식을 오래만 해온 노포가 반드시 맛있지 않은 경우도 있듯이… 여하튼 반솜땀은 방콕에 갈 때마다 꼭 찾는 곳으로 다양한 솜땀을 맛볼 수 있다. 맵고 짠 솜땀이 메인인 만큼 그에 걸맞은 다양한 요리들이 다 특색 있게 맛있다.

📍 **Baan Somtam** 9 Pramuan Rd, Silom, Bang Rak, Bangkok 10500, Thailand

포멜로 솜땀
중국 자몽이라고도 불리는 포멜로는 과육이 크고 씹으면 알알이 흩어지는 재미가 있어 솜땀으로 만들면 별미다. 특히 생선 젓갈을 사용한 '쁠라라' 버전을 선택하면 과일의 단맛과 극강의 짠 감칠맛의 조화가 독특하다. 다만 맛있다고 한 접시를 비웠다가는 입에서 수산 시장 냄새가 난다고 타박받을 수도 있다.

옥수수 솜땀
알싸하고 아삭한 맛의 옥수수 솜땀은 언제나 맛있다. 툭툭누들타이에서도 초당옥수수가 나는 철에는 꼭 소개하는 매력적인 조합이다. 특히 겨울에는 순무나 콜라비를 굵게 채 썰어 솜땀을 즐겨 만드는데 여기에 옥수수를 더하면 정말 맛있다. 캔 옥수수를 써도 무관하다.

닭구이
언젠가 새우 알레르기가 있는 친구와 방문해 "새우 안 들어간 메뉴 다 주세요" 했다가 평소였다면 시키지 않았을 요리까지 맛봤다. 마자오와 타마린드, 통후추를 잔뜩 뿌린 닭구이로 왜 이제야 먹었을까 싶을 정도로 맛있다.

오징어 랍
싱싱한 오징어를 내장과 함께 쪄서 고소하고 향긋한 랍 소스에 버무렸다. 오징어의 달고 부드러운 맛과 구수한 랍 소스의 조화가 좋다. 여름이면 향긋한 민트를 넣어 꼭 먹어야 하는 맛!

싸이끄럭 이싼
찹쌀밥과 함께 쏨땀 소스에 찍어 먹으면 맛있는 시큼한 맛이 나는 소시지다. 각자 좋아하는 취향이 달라 싸이끄럭을 많이 먹는 이싼 지역에서는 신맛 정도를 우리나라에서 떡볶이의 매운맛을 고르는 것처럼 단계별로 고를 수 있도록 한다. 반쏨땀에서는 중간 정도로 시큼한 맛이 적당한 편이고 그릴에 구워 훈연 향이 좋고 탱탱한 껍질을 깨물면 팡하고 터지듯 육즙이 나온다. 곁들여 나오는 땅콩, 고추, 마늘과 함께 씹는 맛도 있다.

◉ 반아이스

태국에서 '남부 음식'이라고 하면 푸껫을 대표로 하는 해안가 해산물 요리와 말레이시아와 국경을 맞대고 있는 핫야이 쪽의 무슬림 영향권 음식 두 가지로 나뉜다. 태국 사람들이 "남부 음식점 가자!"라고 하면 해산물 음식점인 확률이 더 높은데, 반아이스는 남부 지역 출신의 유명 셰프가 차린 풍부한 해산물 메뉴의 가정식 레스토랑이다. 집에서 직접 요리해 먹기에는 시간적 여유가 없는 방콕이다 보니 어머니나 할머니가 해주던 요리를 따뜻하게 풀어내는 가정식 레스토랑이 최근 미식가들에게 주목을 받고 있다. 반아이스에서는 게살볶음이나 생선튀김 같은 신선한 시푸드 요리 외에 다양한 허브와 지역 채소로 만드는 메뉴도 맛볼 수 있다. 처음 반아이스에 갔던 날은 방콕시장 선거일이어서 주류 판매가 금지되었던 참이라 물과 함께 먹다가 아무래도 아쉬운 마음에 다음 날 점심에 바로 찾아갔는데도 여전히 맛있고 맥주는 끝없이 마실 수 있었다.

*태국은 매년 금주일을 발표하는데 지정일에 주류를 판매하면 업주가 상당한 금액의 벌금 혹은 징역형에 처해진다. 특히 태국인들은 종교나 법적으로 따라야 할 규율을 성실하게 잘 지켜내는 것이 미덕이라고 생각하기 때문에 금주일이라면 정말 술을 살 수 있는 방도가 없다.

금주일은 요일이나 국제적인 공휴일과는 상관없이 국왕의 생일이나 불교 관련 특정일 등에 따라 결정되기 때문에 우리처럼 바로 전날 알 수도 있다. 그래서 태국 여행 정보에 밝은 사람들은 미리 검색해보고 비행기 티켓을 끊기도 한다. 우리는 무려 9년 만에 치르는 방콕시장 선거일에 당첨되었고 이 정보를 바로 전날에야 알고 나서 어찌나 섭섭했던지… 여행 내내 시장 선거 현수막을 봤지만 선거 전날 저녁부터 당일까지 주류 판매를 금지할 거라고는 차마 생각도 하지 못했다. 이유를 물어보니 전날 술을 많이 마셔 투표율이 낮아지는 걸 방지한다거나 직전에 잔치를 열어 매표하는 일을 막기 위해서라거나 설이 분분했다. 어쨌든 술은 마실 수도, 살 수도 없다. 돌이켜보면 금주일이 시작되기 직전에 지하철에서 소주병이 담긴 비닐봉지를 들고 총총 걸어가는 젊은 사람들을 제법 봤다. 그때는 오! 한국 문화가 정말 난리이긴 난리인가보다! 하고 말았었다. 소주가 핫한 건 맞는데 식당에서 술을 살 수 없으니 미리 쟁여놓는 현명한 사람들이었다는 걸 눈치챘어야 했는데 말이다.

◎ **Baan Ice** 115 Soi Sukhumvit 55 Khlong Tan Nuea, Watthana, Bangkok 10110, Thailand
셰프 Supaksorn "Ice" Jongsiri

* 태국의 파인 다이닝은 우아하고 섬세한 왕실 요리의 계통을 잇는 경우가 많은데 갖은 양념을 자비 없이 사용해서 짜고 맵기로 유명한 남부 지역 요리로 미쉐린 스타를 받은 레스토랑 'Sorn'의 오너 셰프다. 어릴 적 먹으며 자란 할머니의 레시피로 캐주얼한 식당 반아이스를 차렸다.

생선튀김
그린 파파야 샐러드를 곁들인 생선튀김. 튀긴 생선살과 새콤한 샐러드는 정말 좋은 안주가 된다.

게살볶음
다양한 소스와 부재료를 사용한 통통한 게살볶음은 열 접시라도 먹을 수 있다. 매일 찾아와서 다른 버전을 맛보고 싶다는 생각이 들 정도다.

Sator bean 스팅키 빈
쌉싸래하면서도 구수한 향이 진해 태국 사람들도 호불호가 나뉜다는 재료. 된장에 단련된 우리에게는 즐거운 맛이다. 보일 때마다 무조건 주문하는 메뉴!

🔴 쌩차이포차나

　방콕에서 야식을 먹을 수 있는 곳은 정말 별만큼 많지만 이왕이면 여행객들이 많이 모여드는 곳보다는 현지인들이 좋아하는 식당으로 가길 추천한다. 그중 쌩차이포차나의 음식은 골고루 맛있기도 하고, 특히 좋아하는 독특한 메뉴가 있어서 자주 찾는다. 가끔 한국 온라인상에서 가격이 비싸다거나 불친절하다고 나쁜 평을 남긴 걸 보면 아쉽다. 국내 물가를 생각하면 이 정도 맛이면 기쁘게 먹을 만하다고 생각하지만 가격의 기준은 워낙 사람마다 다르므로 토는 달지 않겠다. 다만 불친절하다는 리뷰는 사장님이 보면 억울할 텐데 계산할 때 색깔별로 구분한 접시를 보며 사장님이 중얼중얼 암산하는 시스템 때문에 아마 그런 듯하다. 괜히 외국인이라고 덤터기 쓰는 것 같고, 명확하지 않은 걸 싫어하는 사람이라면 불쾌할 수도 있다. 하지만 외국인뿐만 아니라 누구에게나 공평한 시스템이고 그렇다고 바가지를 씌우는 것 같진 않다. 이 역시 추측일 뿐이지만… 정 의심스러우면 메뉴판을 다시 달라고 해서 함께 계산해봐도 좋다.

　아내는 한국인 만큼 술을 많이 마시는 사람은 아일랜드랑 러시아 사람밖에 없는 줄 알았다는데, 아시아의 기세를 만만하게 봐서는 안 된다. 태국 사람들도 만만찮게 퍼붓는 편이다. 단지 우리랑 다른 건 '낮술' 문화가 없어서 핫플레이스라고 불리는 곳에서도, 당일 휴가인 사람들도 낮에는 술을 거의 마시지 않는다. 아마도 찌는 듯한 더위 속에서 술을 마시면 너무 지쳐 버리기 때문이 아닐까.

🏠 **Saengchai Phochana** 762 5-7 Khlong Tan, Khlong Toei, Bangkok 10110, Thailand

사장님과 함께
가게의 시그니처가 된, 언제나 체크무늬 셔츠를 입고 계신 사장님

사장님과 태국의 연예인, 인플루언서, 정치인들이 함께 찍은 사진. 이 정도 되면 체크무늬 투샷 정도는 있어야 태국에서 유명인이라 할 수 있을 듯… 사장님은 도대체 체크무늬 셔츠를 몇 개나 가지고 있을까 궁금해진다.

한상 가득 차림
태국 음식은 한 가지 메뉴만 먹기보다는 여러 가지 메뉴를 한상 가득 시켜 함께 먹는 것이 다양한 맛의 밸런스를 느낄 수 있어 좋다.

다진 돼지고기와 발효시킨 생선
홍어를 즐기는 입맛을 가졌다면 시도해볼 만하다. 나와 아내는 이 메뉴 때문에 여길 찾는데, 다진 생선을 숙성시켜 시큼하면서도 입안에 침이 도는 감칠맛이 난다.

염장오리알 오징어
염장한 오리알의 노른자를 으깨서 소스로 만든 뒤 오징어와 무친다. 아내가 이 요리를 꼭 해달라고 성화라 언젠가는 만들게 될 것 같다.

매실 돼지탕
돼지뼈 육수에 다진 돼지고기를 넣은 심플한 국처럼 보이는데 한입 떠먹으면 반전의 매력이 강렬하다. 매실을 넣어 과실 향과 새콤함이 더해진 낯설게 중독적인 맛

유료 얼음
냉수를 절로 부르는 날씨의 태국에서 버킷 가득 채워주는 얼음은 유료다.

Sanguan Sri

친구 톰이 일본계 광고 회사에 다니던 시절 단골이었던 식당을 소개해주어 알게 되었다. 식당이 위치한 와이어러스 로드 지역은 대사관, 금융 기관, 광고 회사, 글로벌 기업들이 포진해 있어 우리나라의 광화문 같은 분위기를 띤다. 직장인들이 타이트한 점심시간을 쪼개 슈트를 입고 노점에서 앉아 식사하는 것이 일상적으로 보이는 동네지만 구석구석에 오래되고 정갈한 고급 식당들도 제법 있다. 이곳은 40년이 넘은 식당인데, 개업 당시에는 제법 고급이었을 테이블이 얼마나 많은 사람들이 앉았는지 맨들맨들하게 닳아 있다. 아내가 20대 초반에 회사 부장님이 처음 데려간 필동면옥에 들어섰을 때의 느낌이라고 할 만큼 도심 노포의 모습이다. 고급 가정식 요리들이라 평소 잘 경험하지 못한 메뉴들을 요리를 전공한 톰의 설명을 들으며 먹는 게 즐거웠다. 고마운 마음에 톰이 화장실 간 사이에 계산하려고 하자 카운터에 계시는 노모께서 이미 친구가 계산했다고 해서 그새 기회를 놓쳤다고 생각했다. 그런데 나가는 길에 톰이 계산해서 깜짝 놀라니 "나도 장사 오래해서 누가 호스트인지 알지" 하시는 게 아닌가. 아무래도 손님 접대와 회식 등 각종 법인 카드가 오가는 자리가 많은 것도 이 동네의 모습 같았다.

◉ **Sanguan Sri** 59, 1 Wireless Rd, Lumphini, Pathum Wan, Bangkok 10330, Thailand
동네명 와이어러스 로드

내장 소시지탕
이 집의 시그니처 국물 요리로 마카롱처럼 만든 내장 소시지가 입안에서 팡 터지는 맛이 좋다.

고등어 구이와 새우 페이스트 소스
발효한 슈림프 페이스트는 바삭하게
팬프라이한 고등어나 야채를 찍어 먹기에 좋다.

채소 스틱
맛있는 식당은 각종 페이스트 소스를 만들어 채소를 찍어 먹는 메뉴가 있다. 날개콩Wing bean이라 이름 붙은 콩줄기는 주로 피클로 먹는데 제철엔 생으로 아삭하게 먹는 맛도 좋다.

새우 샐러드
레몬그라스와 고수, 매콤한
소스를 곁들인 샐러드

똠쌥
볶은 찹쌀가루인 카오쿠아를 넣어 스모키한 향과 질감을 더했다. 카오쿠아는 국물 요리에 넣기도 하고, 삼겹살을 구워 먹을 때 멜젓이나 쌈장에 뿌리기도 한다.

71

◎ 통스미스

요즘 태국에서 가장 비싼 쌀국숫집으로 유명세를 타고 있는 곳이다. 남들보다 더 먹는 편이긴 하지만 그래도 부부 둘이 가서 한화로 7만원 정도가 나왔다. 노점상의 쌀국수가 50바트 정도인데 이 집의 대표 메뉴가 500바트이니 거의 10배 가격인 셈이다. 태국에서 과도하게 책정된 현지 음식점을 가면 대개 외국인을 위한 곳인 경우가 많은데 여긴 블랙핑크처럼 차려입은 여고생부터 회사원, 프리랜서 디자이너나 프로그래머처럼 보이는 손님들, 진주와 금으로 치장한 사모님 등 방콕 현지인으로 가득차 있었다. 베트남이나 미국에서 한 그릇에 100달러가 넘는 쌀국수도 있고 쌀국수를 럭셔리하게 풀어내는 시도가 없는 건 아니지만, 여긴 과도한 마케팅이나 괴식 느낌의 비주얼보다는 고기와 국물의 질로 승부를 던지는 곳이다. 쌀국수가 뭐 이렇게 비쌀 일이야! 할 수도 있지만 쌀국수도 결국 국물 음식이고, 국물 음식의 질은 고기의 퀄리티(원재료비)와 끓이는 시간(인건비)에 달린 걸 떠올리면 합당한 가격이라고 생각된다. 최소한 현지 미식가들의 인정은 탄탄하게 받은 모양이다.

◉ **Thong Smith** 18 Ari 4 Fang Nua Alley, Phaya Thai, Bangkok 10400, Thailand
• 시암 파라곤, 센트럴 월드 등 여러 지점이 있다.

쌀국수 고기
질 좋은 고기를 부드럽게 익혀 씹을수록 깊은 맛이 난다.

쌀국수
우리가 일반적으로 생각하는 쌀국수의 맑은 국물이 아니라 팥죽색에 가까운 진한 빛깔이다. 굳히지 않은 소의 피를 넣어 맛과 농도를 더하는데, 비린내가 전혀 나지 않고 정말 맛있다.

뜨거운 열기와 튀는 기름에 눈을 보호하기 위해 고글을 쓰고 요리하는 제이파이 셰프

크랩 오믈렛
통통한 크랩 살을 발라놓은 대용량 캔을 왜 한국에서는 찾기 어려운지 원통할 뿐이다.

◉ 제이파이

태국 스트리트 푸드로 미쉐린 별을 따서 일약 스타가 되었다. 이런 경우 당연히 이어지는 이게 과연 별을 딸 음식이냐, 이 메뉴가 이 가격일 일이냐, 기다릴 가치가 있냐 등의 논쟁도 따라붙었다. 인근 식당들에서 제이파이의 인기 메뉴인 크랩 오믈렛을 제법 맛있게 만들어 팔고 있기도 해서 의견이 더 갈린다. 논쟁 속 어느 입장을 택할지는 개인의 취향에 따를 일이지만 모든 럭셔리는 사소한 디테일에 있는 것! 제이파이 셰프 혼자 요리하기에 긴 대기 끝에 자리를 차지하고 앉아서도 음식을 한참 기다려야 하는데 한입 베어 무는 순간 만족스럽다. 재료나 음식 맛도 그렇지만 언제나 음식의 온도감이 딱 좋다. 요즘은 웨이팅 리스트를 미리 적는 시스템으로 바뀌어 이름을 남겨놓고 근처 카페에 가도 좋고, 소화 능력이 허락한다면 바로 옆집의 팁싸마이에서 오렌지주스와 팟타이로 식욕을 돋우는 것도 괜찮다.

◉ **Jay Fai** 327 Maha Chai Rd, Samran Rat, Phra Nakhon, Bangkok 10200, Thailand

◎ 나시 잠프루

치앙마이의 재스민 라이스 논을 배경으로 한 아름다운 레스토랑이다. 아는 분이 초대해주시며 '퓨전 음식'이라는 설명을 듣고는 이도저도 아닌 음식이 나오는 건 아닐까 걱정했는데 일단 관광객들이 랜드마크에서 사진 찍고 쓱 들를 수 있는 위치의 식당은 아니었다. 고급 빌라들과 골프장, 온천이 자리 잡은 곳에 있어서 관광객 식당이라기보다는 휴식이 필요한 날 가족들과 근사한 식사를 하고 싶은, 우리 식으로라면 1980~1990년대의 가든 식당 개념이다. 이곳의 퓨전 음식이라는 개념은 서로 다른 문화권의 요리를 섞는다기보다는 태국 여러 지역의 요리, 현대와 전통적인 요리 기법들을 잘 결합시켰다고 할 수 있다. 치앙마이 시내에서 40분 정도 차를 타고 가는 길도 아름답고, 테라스 뒤편으로 보이는 농촌 풍경도 평화롭다.

◎ Nasi Jumpru 1 108 Chae Chang, San Kamphaeng District, Chiang Mai 50130, Thailand

땡모반
말린 생선을 튀겨 가루로 만든 파우더를 뿌린 수박주스. 단짠, 아삭·실키의 대조된 조합이다.

레드 커리
남부 스타일의 레드 커리에는 오리고기와 함께 리찌, 파인애플, 포도, 토마토, 바질 잎이 풍성하게 들어간다.

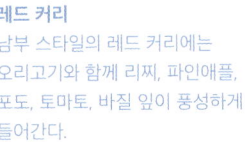

깐똑 치앙마이 스타일 한상차림
깔끔한 야채 플래터에 곁들여 나오는 디핑 소스는 하나 하나 꼼꼼하게 맛볼 가치가 있다.

가지볶음
가지를 숯불에 구워 껍질을 벗긴 다음 볶았다.
은은한 훈연 향과 소스를 양껏 머금은 가지가 맛있다.

생선튀김
생선 요리에 튀긴 바질 잎과 매콤한 고추 허브 소스를 곁들이면 고급스러운 맛이 느껴진다.

◉ 치앙마이 북부 음식 전문점

방콕보다 비교적 시원한(?) 날씨, 낮은 물가와 쾌적한 환경, 느긋한 바이브, 친절한 인심 등 치앙마이를 사랑할 이유는 수도 없이 많지만 무엇보다 북부 지역 음식을 다양하게 접할 수 있는 게 큰 매력이다. 치앙마이 시내에서 약 40분 정도 차를 타고 가면 나오는 북부 지역 음식 전문 식당으로 그랩 택시를 타고라도 가볼 것을 추천한다. 음료를 포함해 14그릇을 먹었는데 1030바트(약 4만원)가 나왔으니 택시비는 뽑고도 남는다. 그래도 시간적 여유가 없다면 치앙마이 시내에도 분점이 있다고 하니 꼭 들러본다. 테이블은 3~4개 정도의 소규모이고 포장 특화 매장이라고 한다.

◎ **Daokanong Lamphun Restaurant**
180 Chiang Mai-Lampang Road, Si Buabarn, Lamphun 51000, Thailand

돼지뇌 오믈렛
바나나 잎에 싸서 찐 돼지뇌가 담백한 스위트 브레드 느낌이다.

수프
넴과 민물새우, 팍빵이
들어간 수프가 맛있어
두 그릇이나 먹었다.

가지 요리
태국 가지를 소 껍데기와 함께 볶았는데 강력 추천!

태국 올리브 잎
북부 음식은 좀 더 짠 편인데 약간의 떫은맛과 산미를 가진 태국 올리브 잎을 함께 먹으면 좋다.

PART 3

Recipe

팍풍파이뎅

ผัดผักบุ้งไฟแดง

마늘 피시 소스로 볶은 공심채 요리

태국어로는 팍풍, 영어로는 모닝글로리Morning glory 또는 리버 스피니치River spinach, 한국어로는 공심채. 다양한 이름 중 이 채소의 매력을 가장 잘 보여주는 이름은 한국어 버전이 아닐까. 볶아두면 시금치 같아 보이기도 하는데 굵고 긴 줄기의 텅 빈 속은 소스를 위한 공간이다. 그리고 그 소스는 짜고 맵고 마늘 냄새가 잔뜩 날수록 더 맛있다. 흰쌀밥에 얹어 먹어도 맛있지만 채소의 수분과 감칠맛 좋은 소스를 절대 낭비해선 안 된다. 툭툭누들타이에서 가장 즐겨 올리는 토핑은 부드럽게 삶은 뒤 오븐에서 껍질만 바삭하게 구운 삼겹살. 그 외 제철 대하나 피조개 등 뭐든 넣어 볶아도 맛있다.

INGREDIENTS

메인 재료

210g	공심채
1Ts	쥐똥고추
1+½Ts	다진 마늘
¾Ts	피시 소스
¾Ts	굴소스
1ts	백후춧가루
3Ts	식용유
1+½Ts	물

RECIPE

① 공심채는 8cm 길이로 썰고 쥐똥고추는 씨를 제거하고 어슷하게 썬다.

② 볼에 ①과 다진 마늘을 넣고 피시 소스, 굴소스, 백후춧가루로 버무린다.

③ 센 불로 달군 웍에 식용유를 두르고 ②와 물을 넣고 1분간 빠르게 볶는다.

④ 공심채가 85% 정도 익으면 불을 끄고 그릇에 담아 완성한다.

공심채는 8cm 길이로 썰어줍니다.

볼에 공심채와 다진 마늘, 어슷하게 썰어놓은 쥐똥고추를 넣고

피시 소스와 굴소스, 백훗추가루를 넣어 가볍게 버무립니다.

센 불로 달군 웍에 식용유를 두르고 볼에 준비한 공심채를 넣어 빠르게 볶다가

중간에 물을 붓고 공심채가 85% 정도 익을 때까지 볶아주면 완성!

쏨땀

ส้มตำไทย

아삭한 그린 파파야를 매콤새콤한 드레싱에 무쳐낸 샐러드

태국 전통 음식의 하나로 보통 '쏨땀'이라 부르는 샐러드이다. 동의하지 않을 수도 있지만 한국에서 쏨땀은 툭툭누들타이가 가장 맛있다고 말하고 싶다. 농장과 직거래하는 싱싱한 파파야를 바로바로 채 썰어 사용하고 1인분씩 절구로 빻아 만드는 드레싱이 맛의 비결이다. 생각보다 재료도 간단해서 누구나 만들 수 있지만 그만큼 손맛이 중요한 음식이다.

"한국인들은 너~~무 부지런해 쏨땀을 망치기 십상이야." 절구공이만 손에 쥐면 자동으로 팡팡 부지런히 빻는 습관을 버리고 파파야를 노곤노곤 패듯이 누르는 힘 조절법이 생겨야 태국 셰프들에게 인정받을 수 있다. 가끔 무채로 쏨땀을 만드는 식당이 있는데 별로 추천하지 않는다. 대신 제철에 단맛이 오른 콜라비는 찬성! 콜라비는 파파야보다 알싸한 특징이 있어 단맛이 나는 옥수수를 넣으면 더 맛있다.

INGREDIENTS

메인 재료

120g	그린 파파야
20g	당근
2개	방울토마토
2쪽	마늘
3개	쥐똥고추
1Ts	건새우

드레싱

1Ts	팜슈거
1Ts	피시 소스
1Ts	라임주스
1Ts	타마린드 페이스트
1Ts	볶은 땅콩
1개	라임 웨지

Tip 자숙 문어, 새우, 오징어와 헤이즐넛 등의 다양한 견과류를 더해도 좋다.
태국 음식 외에 회, 삼겹살, 치킨, 양갈비 스테이크 등의 음식에도 잘 어울린다.

RECIPE

① 그린 파파야와 당근은 껍질을 벗겨 채 썰고 방울토마토는 반으로 썬다.
② 나무절구나 돌절구에 마늘과 쥐똥고추를 넣고 7~8번 정도 빻은 후 건새우를 넣어 몇 번 더 빻는다.
③ 팜슈거와 피시 소스, 라임주스, 타마린드 페이스트를 넣고 팜슈거가 녹을 때까지 섞는다.
④ 볶은 땅콩과 방울토마토, 라임 웨지를 넣어 절굿공이로 부드럽게 누른다.
⑤ 그린 파파야와 당근을 넣고 절굿공이와 주걱을 이용해 고루 섞는다.
⑥ 접시에 담고 신선한 채소를 취향껏 곁들여 완성한다.

Tip 파파야와 당근 대신 굵게 채 썬 콜라비 80g과 익힌 옥수수알 60g으로 옥수수 콜라비 쏨땀을 만들어도 좋다.

그린 파파야와 당근은 껍질을 벗기고 채를 썰어줍니다. 파파야 채칼을 이용하면 손쉽게 할 수 있습니다.

절구에 마늘과 쥐똥고추를 넣어 7~8회 정도 빻은 뒤

건새우를 넣고 몇 번 더 빻아줍니다.

절구에 팜슈거와
피시 소스,
라임주스, 타마린드
페이스트를 넣고

팜슈거가 녹을 정도로
고루 섞은 뒤

볶은 땅콩과 반으로 썰어놓은 방울토마토, 라임 웨지를 넣고 절굿공이로 부드럽게 눌러 드레싱을 만듭니다.

드레싱에 그린 파파야와 당근을 넣어

주걱과 절굿공이를 이용해 고루 섞어주면 완성!

얌운센

ยำวุ้นเส้น

매콤새콤한 녹두 당면 샐러드

얌은 '샐러드', 운센은 '당면'을 뜻하므로 얌운센은 '당면이 들어간 샐러드'이다. 쏨땀처럼 마늘과 라임 향이 강한 매콤새콤한 얌 베이스의 소스를 쓰는데 두 메뉴의 스타일은 아주 다르다. 쏨땀은 좀 더 터프하고 고기류와 잘 어울린다면 얌운센은 매콤새콤한 맛이 예쁘게 어우러지는 편이다. 봄, 여름에는 얌운센 주문량이 늘어나고, 날이 추워지기 시작하면 쏨땀을 위한 파파야 채 썰기 담당이 확실히 바빠진다.

얌운센은 소스에 버무린 녹두 당면에 해산물, 소시지 등의 재료를 넣어 한 그릇 샐러드로도 활용 가능하고 다양한 음식과도 잘 어울린다. 집에서 가장 즐겨 만들어 먹는 태국 요리이기도 한데, 특히 제철 꽃게나 가리비를 찐 다음 양념이 잘 밴 얌운센의 당면으로 둘둘 말아서 먹으면 정말 맛있다. 한국만큼이나 당뇨병 환자 비율이 높은 태국에서 '클린 이팅'으로 식조절을 하는 것이 붐을 일으키고 있는데, 그중 칼로리와 혈당지수가 낮고 글루텐도 없는 녹두 당면이 큰 주목을 받고 있다. 팟타이에 쌀면 대신 녹두 당면을 사용하는 경우도 있지만 녹두 당면을 가장 맛있게 먹을 수 있는 레시피는 얌운센이라고 생각한다.

애매한 온도의 얌운센을 받고 이상하게 생각한 적도 있을 텐데 원래 얌운센은 콜드 샐러드도, 웜 누들도 아니다. 따뜻한 상태에서 버무리지만 거의 사시사철 에어컨이나 선풍기를 세게 트는 태국의 환경에서 애매하게 식은 상태에서 먹는 음식이다. 그리고 그 정도의 온도감에서 얌운센의 당면과 소스가 잘 어우러져 맛있다.

INGREDIENTS

메인 재료

60g	녹두 당면
4마리	새우
10g	오징어
2Ts	셀러리
2줄기	쪽파
¼개	적양파
4개	방울토마토
30g	다진 돼지고기
1ts	마늘 오일
1Ts	볶은 땅콩

드레싱

2쪽	마늘
5개	쥐똥고추
½ts	흰 설탕
2Ts	라임주스
2Ts	피시 소스
1ts	스리라차 소스

RECIPE

① 녹두 당면은 찬물에 25분간 불린다.

② 새우는 꼬리 부분만 남기고 껍질을 제거하고 오징어는 한입 크기로 썬다.

③ 셀러리와 쪽파는 3cm 길이로 썰고 적양파는 얇게 슬라이스한다.

④ 방울토마토는 반으로 썬다.

⑤ 절구에 마늘과 쥐똥고추를 넣고 거칠게 빻는다.

⑥ 볼에 ⑤와 나머지 드레싱 재료를 모두 넣고 고루 섞는다.

⑦ 녹두 당면은 채반에 담아 끓는 물에 30초 정도 빠르게 데친 후 물기를 제거한다.

⑧ 다진 돼지고기와 새우, 오징어를 채반에 담아 끓는 물에 2분 정도 데친 후 물기를 제거한다.

⑨ 볼에 ⑦과 ⑧을 넣고 드레싱과 마늘 오일을 뿌려 고루 섞는다.

⑩ 손질해놓은 채소와 땅콩을 넣고 한번 더 버무려 접시에 담아 완성한다.

새우는 껍질을 제거하고 오징어는 칼집을 넣어 한입 크기로 썰고

셀러리와 쪽파는 3cm 길이로 썰고 적양파는 얇게 슬라이스하고

방울토마토는 반으로 썰어줍니다.

마늘과 쥐똥고추는 절구에 넣고 빻아줍니다.

절구에 빻은 마늘과 쥐똥고추, 피시 소스, 라임주스, 스리라차 소스, 설탕을 넣고 고루 섞어 드레싱을 만듭니다.

불린 녹두 당면은 채반에 담아 끓는 물에 30초 정도 빠르게 데쳐 물기를 제거하고

다진 돼지고기는 끓는 물에 2분 정도 데쳐 준비하고

오징어와 새우도 마찬가지로 끓는 물에 2분 정도 데친 뒤 물기를 제거합니다.

볼에 녹두 당면, 돼지고기, 새우, 오징어를 넣고 드레싱과 마늘 오일을 뿌려 고루 섞은 뒤

손질해놓은 채소와 땅콩을 넣고 한번 더 버무리면 완성!

얌느아양

피시 소스의 진한 감칠맛이 돋보이는 스테이크 샐러드

아마 팟타이 다음으로 영어로 쓰인 레시피를 가장 많이 검색할 수 있는 태국 음식이지 않을까 생각한다. 태국 음식이 정통 전문점을 넘어 다양한 요리와 교류하며 자리 잡은 미국, 영국, 이스라엘 등의 나라에서는 타이 비프 샐러드가 햇살 좋은 브런치 카페의 주말 인기 메뉴인 경우가 많다. 피시 소스의 감칠맛과 상큼한 라임 향, 쥐똥고추의 매콤함이 선명하게 어우러진 개성 있는 드레싱과 맛이 진한 소고기구이가 가장 인기 있는 조합이지만 닭고기, 돼지고기, 양고기 등과도 잘 어울린다. 방울양배추나 아스파라거스 등 단단한 채소를 구워 넣고 약간의 참기름을 더해도 맛있다. 드레싱의 톤을 전체적으로 낮춘다면 템페나 두부구이를 이용한 채소 위주의 샐러드 드레싱으로도 활용 가능하다.

INGREDIENTS

메인 재료

300g	소고기(스테이크용)
¼개	적양파
½개	오이
6개	방울토마토
4대	쌈 셀러리
2줄기	쪽파
	+원하는 채소 아무거나
2ts	피시 소스
¼ts	후춧가루
1ts	식용유

드레싱

1Ts	쥐똥고추
1Ts	마늘
1Ts	고수
4Ts	라임주스
3Ts	피시 소스
1+½Ts	흰 설탕

가니시

1~2줄기	고수 잎

RECIPE

① 적양파는 얇게 슬라이스하고 오이는 반으로 갈라 씨를 제거한 뒤 슬라이스한다.

② 방울토마토는 4등분하고 셀러리와 쪽파는 3cm 길이로 썬다.

③ 절구에 쥐똥고추와 마늘, 고수를 넣고 거친 페이스트가 될 때까지 빻는다.

④ 볼에 ③과 라임주스, 피시 소스, 설탕을 넣고 설탕이 녹을 때까지 고루 섞는다.

⑤ 소고기는 후춧가루와 피시 소스로 밑간한다.

⑥ 달군 팬에 식용유를 두르고 ⑤를 올려 한쪽 면이 익을 때까지 센 불에서 구운 뒤 뒤집어서 미디엄으로 굽는다.

⑦ 적당한 크기로 썰고 손질해놓은 채소와 함께 드레싱으로 버무린다.

⑧ 접시에 담고 고수 잎으로 장식해 완성한다.

방울토마토는 4등분하고 쌈 셀러리와 쪽파는 3cm 길이로 썰고 씨를 제거한 오이와 적양파는 슬라이스해 준비합니다.

쥐똥고추와 마늘, 고수를 절구에 넣어 거칠게 빻은 뒤

볼에 담고 라임주스, 피시 소스, 설탕을 넣어 드레싱을 만듭니다.

한쪽 면이 익을 때까지 센 불에서 구워 뒤집어 미디엄으로 구운 뒤

적당한 크기로 썰어 드레싱으로 버무려 줍니다.

손질해둔 채소를 넣고 한번 더 버무리면 완성!

기호에 따라 고수를 곁들여 먹으면 더욱 맛이 좋습니다.

얌사파롯

ยำสับปะรด

파인애플과 튀긴 샬롯이 이색적인 과일 샐러드

전통적으로 방콕 지역에서 단단하고 향긋한 자몽 계열의 과일 포멜로를 사용해 만드는 샐러드였지만, 포멜로가 나지 않는 푸껫에서 파인애플로 대체하며 더 인기가 많아졌다. 파인애플을 그 자체의 단맛을 즐기는 과일로 소비하는 한국과 달리 태국에서는 굽거나 감칠맛 나는 재료와 함께 볶음밥 등의 식사용 요리에 쓰이는 경우가 많다. 이 샐러드는 풍미와 질감이 우리가 상상하는 조합과는 상당히 이질적인 느낌인데, 한번 먹어보면 중독성이 높아 다시 찾게 된다.

INGREDIENTS

메인 재료

80g	파인애플
1Ts	쪽파
2~3마리	새우
20g	닭가슴살
1+½Ts	코코넛 플레이크
1Ts	건새우 가루
1Ts	볶은 땅콩 가루

드레싱

1Ts	남프릭파우
1Ts	타마린드 페이스트
1Ts	팜슈거
½Ts	피시 소스
½Ts	라임주스

가니시

2개	삶은 메추리알
1Ts	튀긴 샬롯
3~4개	튀긴 건고추
2~3장	고수 잎

RECIPE

① 파인애플은 1cm 큐브로 썰고 쪽파는 송송 썬다.
② 새우는 꼬리 부분을 남기고 껍질을 제거한 후 끓는 물에 데친다.
③ 닭가슴살은 껍질을 제거하고 끓는 물에 삶아 결대로 찢는다.
④ 약불로 달군 마른 팬에 코코넛 플레이크를 넣고 연한 갈색이 나도록 볶는다.
⑤ 볼에 드레싱 재료를 모두 넣고 팜슈거가 녹도록 고루 섞는다.
⑥ 파인애플을 넣고 가볍게 섞은 후 닭가슴살과 새우를 넣어 고루 섞는다.
⑦ 건새우 가루와 볶은 땅콩 가루, 코코넛 플레이크, 쪽파를 넣고 가볍게 섞는다.
⑧ 그릇에 ⑦을 조화롭게 담고 가니시를 곁들여 완성한다.

파인애플은 1cm 큐브로
썰어 준비합니다.

닭가슴살은 껍질을
제거하고
끓는 물에 삶아

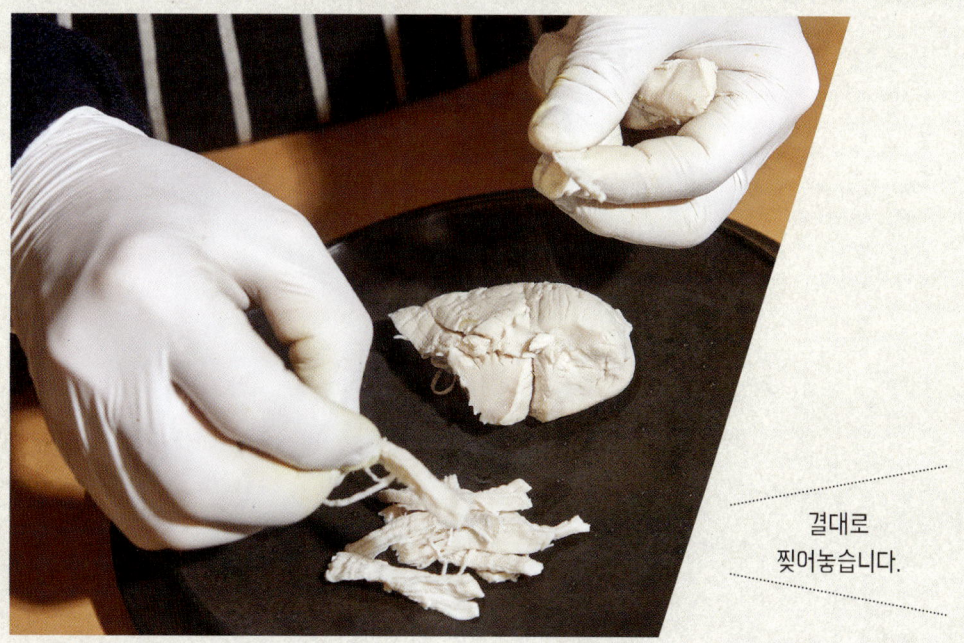

결대로
찢어놓습니다.

약불로 달군 마른 팬에 코코넛 플레이크를 넣고 연한 갈색이 나도록 볶아줍니다.

볼에 남프릭파우, 타마린드 페이스트, 팜슈거, 피시 소스, 라임주스를 넣고

팜슈거가 녹을 정도로 고루 섞어 드레싱을 만듭니다.

드레싱에 썰어놓은 파인애플을 넣어 가볍게 버무리고

닭가슴살과 데친 새우를 넣고 한번 더 고루 섞은 뒤

건새우 가루와 볶은 땅콩 가루, 코코넛 플레이크, 쪽파를 넣고 가볍게 섞어 마무리합니다.

파인애플 그릇에
샐러드를 담고 가니시로
장식하면 완성!

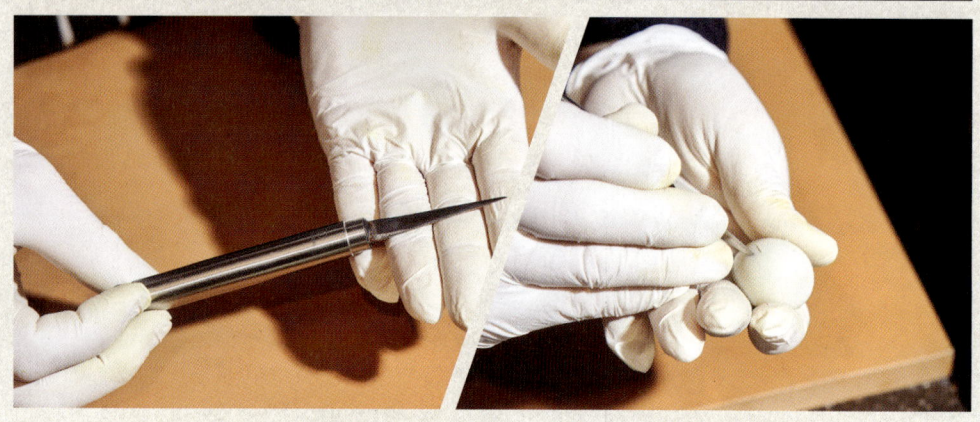

팁으로 카빙 나이프를 사용해 삶은 메추리알을
모양내 가니시로 곁들이면 부족한 단백질을
보충할 수 있고 담음새도 더욱 보기 좋습니다.

태국 요리의 필수 재료 1

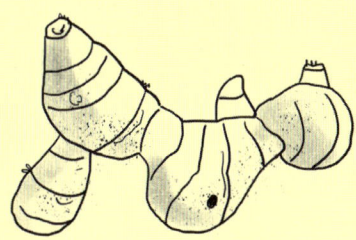

갈랑갈 Galangal
생강처럼 생겼지만, 전혀 다른 느낌을 가지고 있어 갈랑갈이 없을 경우 생강으로 대체할 수는 없다. 생강이 따뜻하게 매운맛을 내는 것과 달리 갈랑갈은 입안이 화!해지도록 시원한 느낌을 준다.

쌈 셀러리 Chinese celery
대가 얇고 잎이 큰 쌈 셀러리는 간장 베이스의 국물 요리에 신선한 맛을 더한다. 태국에서는 쌀국수에 고수는 안 넣어도 쌈 셀러리는 추가하는 경우가 많다.

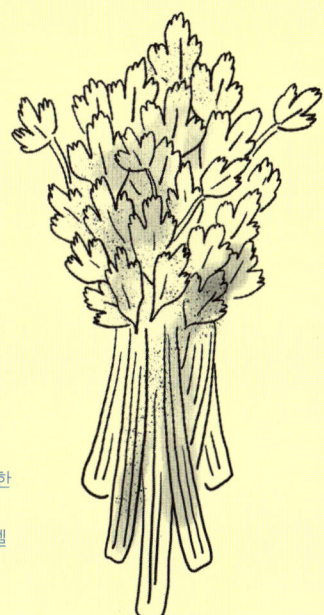

코코넛 슈거 Coconut sugar
코코넛 나무가 팜트리처럼 생겨서 '팜슈거'라고 대중적으로 불리는 코코넛 슈거는 코코넛 열매에서 추출한 설탕이다. 흰 설탕이 깔끔한 단맛을 더한다면 팜슈거는 크리미하고 캐러멜 같은 느낌의 부드러운 단맛을 낸다.

고수 Cilantro, Coriander
호불호가 가장 심하게 나뉘는 대표적인 허브로 꼽히는데, 요즘은 싫어하는 사람보다 마니아적 관심이 늘어났다. 그런데 막상 태국에 가보면 요즘 한국에서 유행하는 것처럼 고수를 잔뜩 넣는 경우는 드물고 한 꼬집 정도만 더하곤 한다. 반면 한국에서는 잘 쓰지 않는 고수 뿌리를 절구에 빻아 마리네이드나 소스에 쓰는 경우가 더 많다.

레몬그라스 Lemongrass
레몬풀이라는 이름에 맞게 레몬과 풀냄새가 동시에 느껴지고 음식에 산미를 더하는 독특한 향채이다. 똠얌꿍의 핵심 맛을 구성하는 역할을 하며 차나 다양한 볶음 요리, 마리네이드 소스의 기본이 된다.

고수씨, 쿠민씨 Coriander seeds, Cumin seeds
남부 지방 영향을 받은 요리에 주로 사용하는데 마른 팬에 볶아서 쓰기 직전에 절구로 갈아서 넣는다. 쿠민씨는 따뜻한 느낌을, 고수씨는 시원한 느낌을 더하는데 주로 두 가지를 함께 사용한다.

똠얌꿍

ต้มยำกุ้งน้ำข้น

새우가 들어간 매콤새콤한 태국의 대표 국물 요리

세상에 똑같은 똠얌꿍은 없다. 백선생님이 주부 레시피를 천하통일하기 전, 집집마다 다른 맛의 김치찌개가 있던 시절처럼 요리사의 취향과 냉장고의 사정에 따라 각양각색의 똠얌꿍 레시피가 존재한다. 툭툭누들타이의 똠얌꿍은 따지자면 방콕 스타일의 영향을 받았는데, 오구 셰프의 고향 이싼 스타일의 시고 거친 국물의 맛은 따로 다른 메뉴인 똠쌥무에 오롯이 담았으니 참고. 똠얌꿍을 떠올리면 가장 먼저 생각하는 맵고 신맛이 역시나 강하지만, 툭툭누들타이의 똠얌꿍은 그 맛에도 눌리지 않을 만큼 진한 감칠맛을 내는 것이 특징이다. 진하게 우린 돼지뼈 육수와 머리째 끓이는 블랙 타이거 새우가 큰 역할을 하고, 무가당 연유를 뿌려 마무리하면 국물이 더 두터워진다. 시판 똠얌꿍 페이스트를 사서 만드는 것도 괜찮지만, 툭툭누들타이에서는 고추부터 빻아서 더 깊은 향을 내려고 한다. 직접 만든 페이스트에는 유화제가 들어가지 않아 기름이 떠오르곤 하는데 깔끔한 국물을 위해서는 걷어내고 사용한다. 걷어낸 기름은 버리지 않고 보관했다 툭툭누들타이의 인기 메뉴인 뿌님팟퐁커리에 한 스푼 넣는데 딱히 매운맛을 더하진 않지만 자칫 느끼해질 수 있는 커리의 밸런스를 잡아주는 킥이 된다.

INGREDIENTS

메인 재료

4마리	블랙 타이거 새우
10g	갈랑갈
5g	레몬그라스
100g	버섯
1~2장	카피르라임 잎
30g	똠얌 페이스트
3g	쥐똥고추
2Ts	피시 소스
3Ts	라임주스
1ts	설탕
400ml	돼지뼈 육수 (치킨스톡으로 대체 가능)
35g	무가당 연유
3g	고수 잎

RECIPE

① 갈랑갈은 껍질을 벗겨 슬라이스하고 레몬그라스는 얇게 어슷썬다.

② 버섯은 손으로 찢고 블랙 타이거 새우는 껍질을 제거한다.

③ 볼에 ①과 버섯, 카피르라임 잎, 똠얌 페이스트, 쥐똥고추, 피시 소스, 설탕을 넣어 고루 섞는다.

④ 냄비에 돼지뼈 육수를 붓고 중불에서 끓기 시작하면 ③을 넣고 30초 정도 끓인다.

⑤ 새우를 넣고 센 불로 끓이다 익으면 불을 끈 뒤 무가당 연유를 넣고 고루 섞는다.

⑥ 그릇에 붓고 고수 잎을 얹어 얹고, 취향에 따라 라임주스를 넣어 마무리한다.

Tip 라임주스는 불을 끄고 넣어야 쓴맛이 나지 않는다.

갈랑갈은 껍질을 벗겨 슬라이스하고 레몬그라스는 얇게 어슷썰고

버섯은 손으로 찢고 블랙 타이거 새우는 껍질을 제거합니다.

볼에 손질한 갈랑갈, 레몬그라스, 버섯, 카피르라임 잎, 똠얌 페이스트, 쥐똥고추, 피시 소스, 설탕을 넣어 고루 섞습니다.

냄비에 돼지뼈 육수를 붓고 중불에서 끓기 시작하면 볼에 준비한 재료를 넣고 30초 정도 끓이다가

새우를 넣고 센 불로 끓입니다.

새우가 익으면 불을 끈 뒤 무가당 연유를 넣고 고루 섞어주면 완성!.

깽쯧

채소와 버섯, 녹두 당면이 들어간 맑은 국물의 완자탕

완탕이라고 하면 보통 중화권을 떠올리는데 태국의 개성이 담긴 완자탕도 독특한 매력이 있다. 버섯과 채소를 잔뜩 넣은 완탕에 피시 소스의 감칠맛과 튀긴 마늘의 구수한 맛이 일품이다. 태국 여행 동안 전날 과음하거나 여독이 생길 때쯤이면 담백하고 속이 편한 깽쯧을 찾게 된다. 집에서도 컨디션이 안 좋으면 연두부 큼지막하게 썰어넣고 김가루 뿌려서 속 편한 키토식으로 먹기도 한다. 밀키트로 만들면서 '깽쯧'이라는 낯선 이름 대신 '툭툭 해장탕 하얀맛(똠얌꿍은 빨간맛)'으로 이름 붙였더니 매일 두 트럭을 꽉 채워야 할 만큼 주문이 많았다. 그래도 태국 전문 음식점이니 그런 마케팅적 이름보다는 본래의 이름인 '깽쯧'으로 소개하자 싶어 밀키트명을 변경했더니 주문이 뚝 떨어졌다. 장사란 참 묘한 거야, 교훈을 얻은 또 다른 경험이었다.

*툭툭누들타이의 네이버 스토어에서 '속편한 완자탕(깽쯧)'으로 밀키트를 주문하실 수 있습니다.

완자

INGREDIENTS

80g	표고버섯
250g	다진 돼지고기
1ts	백후춧가루
⅓ts	소금
⅔Ts	설탕
2ts	굴소스
½ts	간장
¾Ts	전분
1ts	참기름

RECIPE

① 표고버섯은 잘게 다진다.

② 볼에 전분과 참기름을 제외한 모든 재료를 넣고 고루 섞는다.

③ 전분을 넣어 섞고 참기름을 넣고 다시 섞은 후 15g씩 떼어 동그랗게 완자를 빚는다.

깽쯧

INGREDIENTS

100g	알배추	1Ts	간장
30g	당근	300g	완자
60g	목이버섯		
80g	당면	**가니시**	
1L	돼지뼈 육수	1Ts	쌈 셀러리
½ts	소금	1Ts	대파
2ts	흰 설탕	1ts	튀긴 마늘
½ts	백후춧가루	1꼬집	백후춧가루
1+½Ts	굴소스		

RECIPE

① 알배추와 당근은 한입 크기로 썬다.

② 목이버섯과 당면은 각각 물에 불린다.

③ 냄비에 돼지뼈 육수를 붓고 센 불에서 끓으면 소금과 설탕, 백후춧가루, 굴소스, 간장을 넣어 고루 섞은 후 중불로 줄인다.

④ 완자를 넣고 떠오를 때까지 끓여 익힌다.

⑤ 알배추와 목이버섯, 당근을 넣어 살짝 끓인 후 당면을 넣고 모든 재료가 익으면 불을 끈다.

⑥ 그릇에 담고 쌈 셀러리와 송송 썬 대파, 튀긴 마늘을 올리고 백후춧가루를 뿌려 완성한다.

표고버섯은 잘게 다져 준비합니다.

볼에 다진 돼지고기와 표고버섯을 넣고

소금, 설탕, 백후춧가루, 굴소스, 간장을 넣어 고루 섞어줍니다.

마지막에 전분과 참기름을 넣고 다시 한번 섞고

완성된 완자 반죽은 한 스푼씩 떠서 둥근 모양으로 빚어 준비합니다.

목이버섯과 당면은 물에 불리고

알배추와 당근, 목이버섯은 한입 크기로 썰어줍니다.

냄비에 돼지뼈 육수를 붓고 센 불에서 한번 끓어오르면

소금과 설탕, 백후춧가루, 굴소스, 간장을 넣어 고루 섞은 뒤 중불로 줄입니다.

완자를 넣어 떠오를 때까지 끓이고

알배추와 목이버섯, 당근을 넣어 살짝 끓인 뒤 당면을 넣습니다.

모든 재료가 익으면 그릇에 담고 쌈 셀러리와 송송 썬 대파, 튀긴 마늘을 올리고 백후춧가루를 뿌리면 완성!

소스류

피시 소스 Fish sauce
아시안 마트에서 쉽게 찾을 수 있는 피시 소스는 멸치 등의 작은 생선을 소금에 절여 만든다. 툭툭누들타이에서는 첨가물이 전혀 들어가지 않은 자연스러운 맛이 장점인 티파로스 브랜드를 쓰는데 부티크한 브랜드에서는 지속 가능한 어획을 통한 멸치만 쓰거나 엑스트라 버진 올리브유처럼 생선을 소금에 절인 뒤 자연스럽게 떨어지는 맑은 즙만 사용하는 등 품질에 더욱 신경 쓰고 있다. 북부 지방의 피시 소스는 생선에 쌀겨를 넣어 숙성시켜서 발효 향이 강렬하다. 탁하고 감칠맛이 진한 솜땀인 '솜땀 쁠라라'를 먹어보면 느낄 수 있다.

타마린드 페이스트 Tamarind paste
타마린드 과실을 뭉쳐놓은 형태로 사용할 만큼 떼어낸 타마린드를 2배 양의 따뜻한 물에 30분 정도 불렸다가 손으로 주물러 잘 풀어준 뒤 거름망으로 걸러내어 즙만 사용한다. 레시피에서 '타마린드 페이스트'는 이 즙의 분량을 뜻한다. 자연스러운 새콤함을 더하는 요리에 사용하기 좋다.

코코넛 밀크&크림 Coconut milk&cream
코코넛 과육을 긁어낸 뒤 추출해서 사실 주스에 가깝지만 우윳빛 색깔과 질감을 가져서 밀크라고 부른다. 진하게 떠오르는 윗부분이 크림이며 묽은 제형의 아랫부분은 밀크로 구분해서 판매 및 사용한다. 비만과 당뇨를 줄이기 위해 '클린 이팅'에 주목하고 있는 태국에서는 각종 볶음 요리에서 식용유를 빼고 코코넛 크림에서 기름을 추출해 건강하게 요리하는 방식이 주목받고 있다.

시즈닝 소이 소스 Seasoning soy sauce
골든마운틴 브랜드가 가장 유명하며 짠맛과 감칠맛이 기본 간장보다 강해 소량으로도 색다른 레이어를 낼 수 있다. 태국의 우스터소스라고 부르는 사람들도 있는데 몇 방울을 떨어뜨리는 것만으로도 다양한 요리에 재미를 더할 수 있다.

씨유담 간장 See ew dam
팟타이 다음으로 유명한 팟씨유가 씨유담 간장으로 볶은 면이라는 뜻일 정도로 많이 사용하는 태국 버전의 다크 소이 소스이다. 색과 감칠맛을 내는 것은 기본이고 가벼운 시럽 같은 질감이어서 적절한 온도로 사용하면 풍성한 바디감과 훈연 향도 더할 수 있다.

똠쌥무

ต้มแซบกระดูกอ่อน

허브 향과 풍미가 매력적이며 부드러운 돼지고기가 들어간 맑은 탕

태국어로 맛있다는 뜻의 '쌥'을 포함한 이 맛있는 국물 요리는 이싼 지역의 대표적인 음식으로 타협 없이 맵고 신 맛으로 유명하다. 하지만 똠쌥무를 만들 때 가장 중요한 것은 자극적인 맵기나 산미보다는 향을 얼마나 잘 살리는지에 있다. 갈랑갈, 레몬그라스, 카피르라임 잎은 태국의 부케가르니라고 할 수 있을 정도로 세트로 자주 사용하는 향신채인데 이 국물 요리에서는 향을 더하는 보조 재료가 아닌 주인공이 된다. 또 레몬그라스와 라임의 신맛은 이 세 가지 향신채의 향을 증폭시키는 역할을 한다고 볼 수 있다. 돼지고기 목살만 넣어도 맛있지만 태국 시골 지역에서는 스지나 각종 내장을 더해 터프하게 끓여낸다.

INGREDIENTS

메인 재료

150g	돼지고기 목살
	*취향에 따라 다양한 내장, 스지 등 추가 가능
10g	갈랑갈
5g	레몬그라스
½ts	쥐똥고추
100g	버섯
1~2장	카피르라임 잎
4Ts	똠얌 페이스트
2ts	피시 소스
450ml	돼지뼈 육수
1ts	다진 쪽파
1ts	태국 고춧가루
1Ts	고수

RECIPE

① 목살은 슬라이스하고 갈랑갈은 껍질을 제거한 후 슬라이스한다.

② 레몬그라스와 쥐똥고추는 얇게 슬라이스하고 버섯은 손으로 찢는다.

③ 볼에 갈랑갈과 레몬그라스, 버섯, 쥐똥고추, 카피르라임 잎, 똠얌 페이스트, 피시 소스를 넣는다.

④ 중불로 달군 냄비에 돼지뼈 육수를 넣고 끓으면 ③을 넣어 1분간 끓인다.

⑤ 목살을 넣고 3분 정도 고기가 부드럽게 익을 때까지 끓인 후 불을 끈다.

⑥ 다진 쪽파와 태국 고춧가루를 넣고 마무리한 후 그릇에 담아 고수를 곁들인다.

돼지고기 목살은 적당한 크기로 슬라이스하고

버섯은 손으로 찢고 갈랑갈은 껍질을 제거한 후 레몬그라스, 쥐똥고추와 함께 슬라이스해 준비합니다.

볼에 손질한 갈랑갈과 레몬그라스, 쥐똥고추, 버섯, 카피르라임 잎, 똠얌 페이스트, 피시 소스를 넣습니다.

중불로 달군 냄비에 돼지뼈 육수를 붓고 끓으면 볼에 준비한 재료를 모두 넣어 1분간 끓이고

손질한 목살을 넣어 3분 정도 고기가 부드럽게 익을 때까지 끓입니다.

다진 쪽파와 태국 고춧가루를 넣고 마무리한 뒤 고수를 곁들여 완성!

깽키여우완

뿌리채소를 듬뿍 넣은 수프 스타일의 그린 커리

แกงเขียวหวาน

'빨간 맛=매운맛'의 당연한 진리 같은 공식이 태국에선 적용되지 않는다. 태국에서 사용하는 쥐똥고추 중 가장 독한 건 초록색의 쥐똥고추이기 때문이다.

*참고로 초록색 쥐똥고추와 빨간색 쥐똥고추는 같은 종류이며 덜 여물었을 때 날카롭게 매운맛을 내고 빨갛게 익었을 때 조금 더 부드러운 매운맛을 낸다. 물론 이때도 우리나라 청양고추보다는 3배 이상 맵지만…

아무튼 커리의 원산지 인도에서는 향신료 가루를 다양하게 사용하는 반면 뭐든 자기 식으로 발전시키는 태국에서는 고추와 허브를 왕창 넣는 스타일이 되었고, 그래서 초록 쥐똥고추가 들어가는 그린 커리가 가장 매운맛을 낸다.

하지만 다행인 건 수프 스타일의 질감에 다양하게 들어간 토핑과 코코넛 밀크가 매운맛을 부드럽게 중화시킨다는 점이다. 툭툭누들타이에서는 돼지고기와 새우로 만든 완자, 각종 뿌리채소를 넣는데 토핑은 닭고기, 해산물이나 단단한 질감이면 뭐든 좋다.

INGREDIENTS

메인 재료

60g	닭다릿살
2개	태국 가지(한국 가지나 죽순으로 대체 시 100g)
50g	뿌리채소(당근, 연근 등)
½개	홍고추
2Ts	식용유
1Ts	그린 커리 페이스트
¼ts	강황 가루
¼ts	볶은 쿠민 가루
¼ts	볶은 고수씨 가루
250ml	코코넛 밀크
1장	카피르라임 잎
6~10장	스위트 바질 잎

시즈닝

½Ts	팜슈거
1ts	흰 설탕
1ts	피시 소스

RECIPE

① 닭다릿살과 가지, 뿌리채소는 한입 크기로 썰고 홍고추는 씨를 제거한 후 슬라이스한다.

② 소스 팬에 식용유를 두르고 그린 커리 페이스트와 강황, 쿠민, 고수씨 가루를 넣고 중불에서 볶아 향을 낸다.

③ 코코넛 밀크를 한 국자 넣고 기름이 분리될 때까지 끓인다. 이 과정을 2회 반복하고 2분 정도 끓인다.

④ 썰어놓은 닭다릿살과 채소, 나머지 코코넛 밀크를 넣고 보글보글 기포가 올라올 정도의 약불에서 닭다릿살이 잘 익을 때까지 2분 정도 끓인다.

⑤ 팜슈거, 설탕, 피시 소스로 취향에 맞게 간한다.

⑥ 홍고추와 카피르라임 잎, 스위트 바질 잎을 넣고 살살 저은 후 그릇에 담아 완성한다.

Tip 재스민 라이스나 쌀국수, 로띠, 빵 등을 곁들여 먹는다.

냄비에 식용유를 두르고 그린 커리 페이스트와 강황, 쿠민, 고수씨 가루를 넣어 중불에서 볶아 향을 내고

코코넛 밀크를 한 국자 넣고 기름이 분리될 때까지 끓여줍니다.

커리가 끓어오르면 코코넛 밀크를 한 국자 더 넣고 2분 정도 끓인 뒤

적당한 크기로 썬 닭다릿살과 채소, 나머지 코코넛 밀크를 넣고 보글보글 기포가 올라올 정도의 약불에서 닭다릿살이 잘 익을 때까지 2분 정도 더 끓이고

팜슈거, 설탕, 피시 소스로 취향에 맞게 간을 합니다.

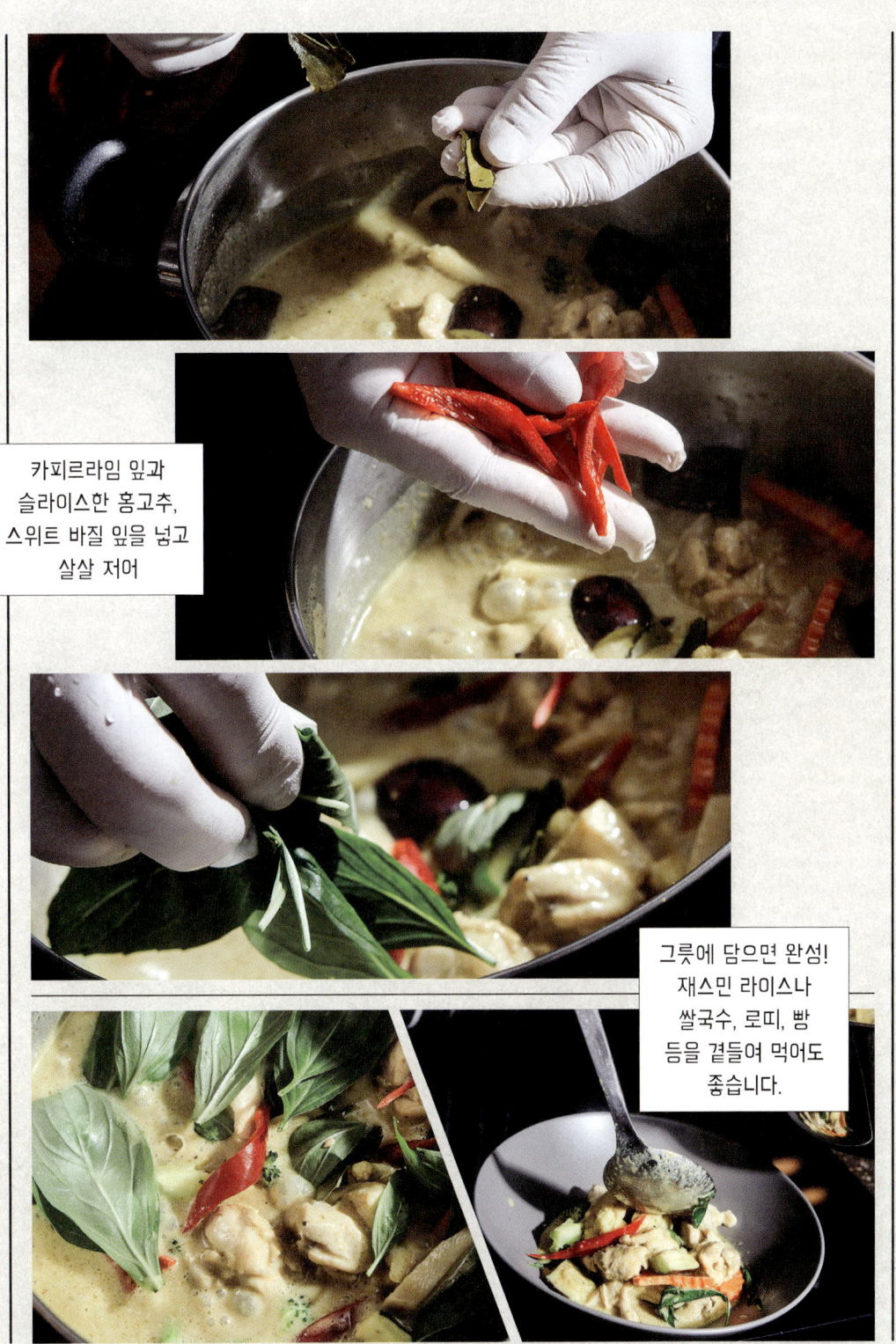

카피르라임 잎과 슬라이스한 홍고추, 스위트 바질 잎을 넣고 살살 저어

그릇에 담으면 완성! 재스민 라이스나 쌀국수, 로띠, 빵 등을 곁들여 먹어도 좋습니다.

뿌님팟퐁커리

껍질째 먹는 소프트셀 크랩과 달걀, 생크림이 들어간 고소한 옐로 커리

ปูนิ่มผัดผงกะหรี่

식당이 만석이 되는 어느 순간 주변을 돌아보면 거의 모든 테이블 위에 올려져 있는 원톱 인기 메뉴다. 식당을 운영하며 인기 메뉴가 있다는 건 감사한 일이지만 다른 30여 개의 메뉴도 빛을 봤으면 해서 메뉴판에서 삭제해본 적도 있다. 물론 메뉴판을 펼치지도 않고 주문하는 손님이 많아 금방 폐기된 전략이긴 했지만…

방콕의 뿌님팟퐁커리가 유명한 식당에 가면 마치 한식당인 듯 한국 관광객으로 가득 차 있을 정도로 우리가 사랑하는 뿌님팟퐁커리의 재료를 보면 생각보다 익숙하고 간단한 재료들이다. 다만 핵심 포인트는 달걀을 어떤 온도에서 잘 푸느냐에 따라 달라지는 농도와 텍스처를 맞추는 것과 맛있는 토핑을 준비하는 것이다. 우리는 게가 허물 벗기 전 상태의 등딱지가 연한 소프트셀 크랩을 튀겨서 커리와 버무린다.

'뿌님팟퐁커리'가 하나의 메뉴명으로 알려져 있는데, 뿌님은 '소프트셀 크랩'을 뜻하고 팟퐁커리는 하나의 장르로서의 메뉴이기 때문에 레시피대로 커리를 만들고 나서 오징어튀김, 야채튀김 등 어떤 튀긴 재료를 넣어 먹어도 된다.

INGREDIENTS

메인 재료

2마리	소프트셀 크랩
50g	셀러리
30g	쪽파
5g	홍고추
100g	양파
80g	튀김가루
100g	물
2개	달걀
70g	휘핑크림
2+½Ts	고추기름
1Ts	식용유
10g	다진 마늘
1Ts	전분물

커리 소스

1Ts	식용유
2+⅓ts	옐로 커리 파우더
1+½ts	강황 가루
1+¾C	코코넛 밀크
3+¾C	물
4Ts	설탕
1Ts+1ts	굴소스
1Ts	간장
5+½Ts	피시 소스

RECIPE

① 셀러리와 쪽파는 2cm 길이로 썰고 홍고추는 씨를 제거하고 어슷썰고 양파는 큐브 모양으로 썬다.
② 볼에 튀김가루와 물을 넣고 고루 섞어 튀김옷을 만든 후 소프트셀 크랩에 골고루 입힌다.
③ 165~170℃로 예열한 식용유에 노릇하게 튀긴다.
④ 웍에 식용유와 커리 파우더, 강황 가루를 넣고 중불에서 1~2분간 향을 우린 후 코코넛 밀크를 넣어 끓인다.
⑤ 물을 붓고 끓기 시작하면 설탕과 굴소스, 간장, 피시 소스를 넣은 뒤 고루 섞어 커리 소스를 만든다.
⑥ 볼에 달걀과 휘핑크림, 고추기름을 넣고 휘퍼로 잘 푼다.
⑦ 웍에 식용유와 다진 마늘, 양파를 넣고 중불에서 30초 정도 향을 우리며 볶는다.
⑧ 커리 소스를 넣고 끓기 시작하면 ⑥을 붓고 달걀 믹스처가 익어 소스 점도가 날 때까지 끓인다.
⑨ 셀러리와 쪽파, 홍고추, 전분물을 넣고 10초 정도 볶은 후 불을 끈다.
⑩ 접시에 ⑨를 담고 튀긴 소프트셀 크랩을 적당한 크기로 썰어 올린다.

볼에 튀김가루와 물을 넣고 고루 섞어 튀김옷을 만든 후 소프트셸 크랩에 골고루 발라

165~170℃로 예열한 식용유에 노릇하게 튀깁니다.

웍에 식용유와 커리 파우더, 강황 가루를 넣고 중불에서 1~2분간 향을 내며 볶다가

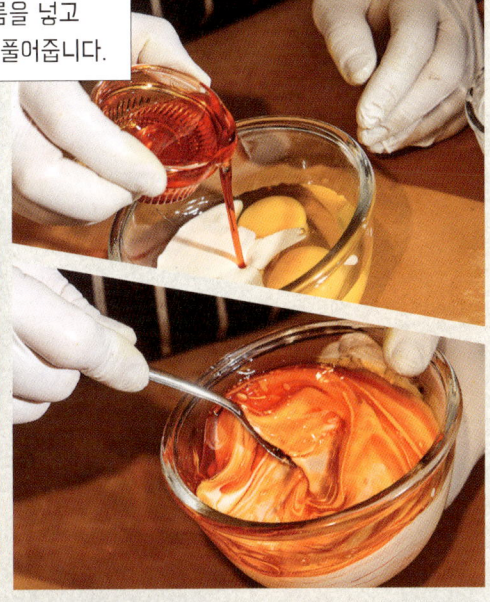

볼에 달걀과 휘핑크림, 고추기름을 넣고 휘퍼로 잘 풀어줍니다.

웍에 식용유와 다진 마늘, 큐브 모양으로 썬 양파를 넣어 중불에서 30초 정도 향을 우리며 볶다가

커리 소스를 넣고 한번 끓여줍니다.

커리 소스가 끓기 시작하면
준비한 달걀 믹스처를
붓고 소스 점도가
날 때까지 끓인 뒤

손질한 셀러리와
쪽파, 홍고추,
전분물을 넣고 10초
정도 볶습니다.

접시에 커리를 담고 튀긴
소프트셀 크랩을 적당한 크기로
썰어 올려주면 완성!

다양한 태국 바질

호라파 Sweet basil
리코리스 계열의 단맛 느낌을 주져 피니시를 가져 매콤한 커리(그린 커리/레드 커리)나 볶음 등에 사용한다.

라임 바질 Lime basil
라임, 레몬 향이 나며 카놈찐(찹쌀가루로 만든 찐 국수) 등에 곁들여 먹는다.

끄라파오 Holy basil
매콤한 느낌을 주며 톡 쏘는 듯한 레드 끄라파오와 이보다는 부드러운 빅 Big 끄라파오 두 가지로 나뉜다.

태국 요리의 필수 재료 2

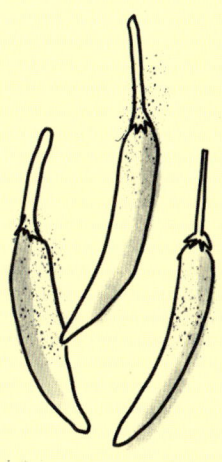

쥐똥고추 Bird's eye chili
국내에서는 동남아시아의 작고 매운 고추를 모두 쥐똥고추라 통칭하는데 세부적으로는 다양한 종류가 있고 태국 고추는 프릭 찐따 Prik jinda로 베트남 요리에 많이 사용하는 쥐똥고추보다 크고 수분이 많다. 이 고추가 덜 익으면 푸른 고추고, 다 익어서 수확하면 빨간 고추다. 예전에는 보따리상이 수입했다. 요즘은 주로 안산 시장이나 인터넷에서 국내에서 재배하거나 정식 수입한 쥐똥고추를 구할 수 있다. 다만 대형화 체계화되지 않아 계절에 따라 수급이 어려운 경우도 있다.

카피르라임 잎 Kaffir lime leaf
재스민 라이스나 커리, 국물 요리에 필수적으로 사용하는데 말린 잎도 충분히 제 역할을 한다. 잎맥은 떼어내고 여린 부분만 찢어서 사용하면 된다.

파냉커리

พะแนงหมู

레드 커리에 땅콩의 고소함을 더한 남부 스타일의 커리

외식업계엔 인기가 별로 없는 메뉴를 그만둘까 고민하면 꼭 손님이 찾는다는 징크스가 있다. 예전에 운영했던 태국 위스키바 오파스에서도 영 찾는 사람이 없어 메뉴에서 빼야지 할 때면 꼭 와서 싱글몰트위스키와 파냉 누들을 먹는 여자 손님이 있었다. 메뉴 이름을 잘 기억하지 못하는지 오렌지커리누들이라고 부르며 질리지도 않고 같은 메뉴를 시키던 그 여자 손님은 지금 함께 살며 툭하면 이 요리를 해달라고 성화인 아내가 되었다.

한국에서는 태국 커리라고 하면 그린 커리나 옐로 커리(팟퐁커리)를 떠올리지만 미국이나 유럽에서는 파냉커리가 매콤하면서도 고소한 맛으로 인기가 많다. 풍성한 허브와 채소를 넣는 태국 레드 커리 스타일에 말레이시아 국경에 맞닿아 이슬람 문화권인 남부 지역 스타일의 땅콩을 더해 만든다.

방콕 블루 엘레펀트의 오너 셰프 마담 누로 Nooror가 알려준 방식대로 땅콩 대신 땅콩버터를 넣어도 되는데 소스가 좀 더 진하고 달콤한 맛이 있어 아이들도 좋아한다. 레시피대로 볶은 쿠민씨와 고수씨 가루를 넣으면 이색적인 향을 진하게 느낄 수 있지만 재료가 없거나 부드러운 맛을 원한다면 레드 커리 페이스트만 사용해도 괜찮다.

INGREDIENTS

메인 재료

120g	돼지고기 목살
	*닭고기, 소고기, 새우, 바삭하게 구운 두부 등으로 대체 가능
2장	카피르라임 잎
1개	홍고추
1Ts	식용유
1Ts	레드 커리 페이스트
½ts	볶은 쿠민씨 가루
½ts	볶은 고수씨 가루
150ml	코코넛 밀크
2장	스위트 바질 잎
적당량	쌀국수

시즈닝

1Ts	팜슈거
1Ts	피시 소스
1Ts	볶은 땅콩 가루
	(또는 땅콩버터)

RECIPE

① 돼지고기는 큐브로 썰고 카피르라임 잎은 얇게 슬라이스하고 홍고추는 어슷썬다.

② 중불로 달군 냄비에 식용유와 레드 커리 페이스트를 넣고 향이 우러나게 볶는다.

③ 볶은 쿠민씨 가루와 고수씨 가루를 넣고 살짝 더 볶은 후 약불로 줄인다.

④ 코코넛 밀크 100ml를 조금씩 더해가며 끓여 코코넛 밀크에서 분리된 기름에 스파이스 향이 충분히 우러나도록 한다.

⑤ 돼지고기를 넣고 반쯤 익으면 나머지 코코넛 밀크를 넣는다.

⑥ 취향에 따라 팜슈거, 피시 소스, 카피르라임 잎을 넣고 5분 정도 끓인다.

⑦ 땅콩가루와 홍고추, 스위트 바질 잎을 넣고 잘 섞는다.

⑧ 그릇에 담고 삶은 쌀국수를 곁들여 완성한다.

돼지고기 목살은 큐브 모양으로 썰고

카피르라임 잎은 얇게 슬라이스하고 홍고추는 어슷하게 썰어줍니다.

중불로 달군 냄비에 식용유와 레드 커리 페이스트를 넣어 향이 우러나게 볶고

쿠민씨 가루와 고수씨 가루를 넣어 살짝 더 볶은 후 약불로 줄입니다.

코코넛 밀크 100ml를
조금씩 더해가며

코코넛 밀크에서 분리된
기름에 스파이스 향이 충분히
우러나도록 끓입니다.

돼지고기를 넣고 살짝 익히다가

돼지고기가 반쯤 익으면 나머지 코코넛 밀크를 넣습니다.

취향에 따라 팜슈거와 피시 소스, 카피르라임 잎을 넣어 5분 정도 더 끓이고

땅콩 가루와 홍고추, 스위트 바질 잎을 넣고 잘 섞어주면 완성!

깽구아 허이말랭푸

แกงคั่วหอยแมลงภู่

파인애플이 들어간 홍합 레드 커리

쌀국수와 볶음국수, 커리 등이 대표적인 태국 음식으로 소비되고 있지만 태국도 우리처럼 삼면이 바다와 맞닿은 나라이기에 자연스럽게 다양한 해산물 요리가 발달했다. 그중에서도 조개 요리는 길거리 음식점이나 고급 레스토랑 등 어디서든 다양하게 맛볼 수 있다. 태국의 남부 지방으로 갈수록 코코넛 밀크를 많이 사용하는 편인데, 푸껫의 레스토랑에서 일한 셰프가 레드 커리를 활용해 만든 메뉴다. 벨기에식 홍합찜이나 토마토찜을 많이 만들어보셨다면 이 레시피로도 꼭 요리해보길 추천드린다.

INGREDIENTS

메인 재료

400g	홍합
200g	파인애플
1개	홍고추
250ml	코코넛 밀크
3Ts	레드 커리 페이스트
200g	물
1Ts	피시 소스
½Ts	흰 설탕
½Ts	팜슈거
적당량	재스민 라이스

RECIPE

① 홍합은 끓는 물에 데친다.
② 파인애플은 1cm 큐브로 썰고 홍고추는 어슷썬다.
③ 뜨겁게 달군 냄비에 코코넛 밀크 100ml를 넣어 1분간 끓이고 레드 커리 페이스트를 넣어 고루 섞은 뒤 2분간 더 끓인다.
④ 나머지 코코넛 밀크를 세 번에 나눠 넣는데 한 번 넣을 때마다 50초씩 끓인다.
⑤ 물과 파인애플을 넣고 약불에서 5분간 끓인다.
⑥ 피시 소스, 설탕, 팜슈거, 홍고추를 넣고 고루 저어가며 3분간 끓인 뒤 데친 홍합을 넣어 섞는다.
⑦ 그릇에 담고 재스민 라이스와 곁들여 완성한다.

홍합은 끓는
물에 데쳐
준비합니다.

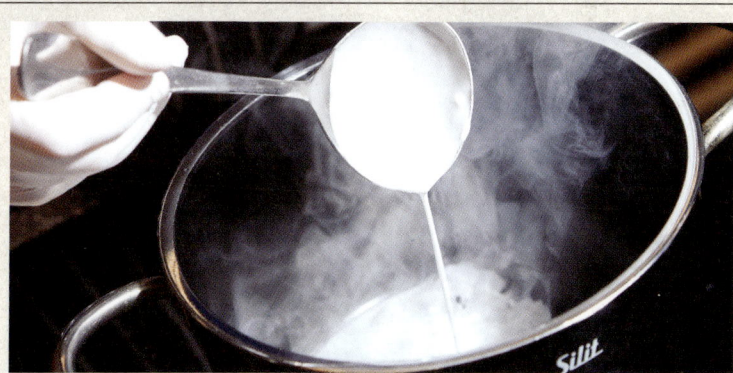

뜨겁게 달군 냄비에
코코넛 밀크 100ml를 넣어
1분간 끓이고

레드 커리 페이스트를
넣어 고루 섞은 뒤 2분간
더 끓인 뒤

나머지 코코넛
밀크를 3회에
나눠 한 번 넣을
때마다 50초씩
끓입니다.

물과 큐브
모양으로 썬
파인애플을 넣어
약불에서 5분간
끓이고

피시 소스, 설탕, 팜슈거, 어슷하게 썬 홍고추를 넣고 고루 저어가며 3분간 더 끓입니다.

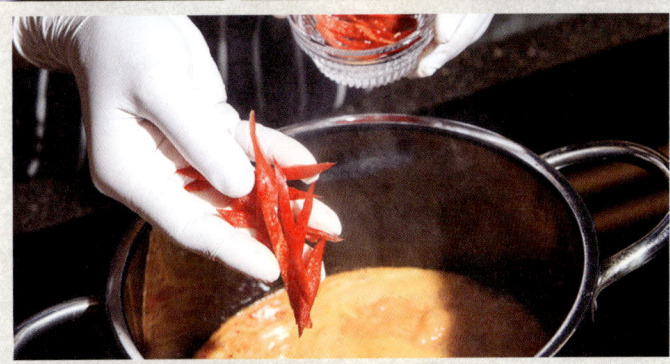

마지막으로 삶아둔 홍합을 넣고 섞어 그릇에 담아주면 완성!

재스민 라이스와 함께 먹으면 더욱 맛있습니다.

카오팟 사파롯

ข้าวผัดสับปะรด

드라이 옐로 커리와 닭고기, 새우, 파인애플 등을 볶은
달콤하면서 고소한 파인애플 볶음밥

'비한식' 메뉴가 주목받으려면 그 나라의 대표 음식쯤 되거나 아니면 색다른 음식에 '정통한' 미식가들이 찾을 마니아적 요소가 있어야 한다. 파인애플 볶음밥은 이도저도 아니지만 한번 먹어본 사람은 다시 찾는 경우가 많다. 그리고 매장에서보다는 배달 앱에서 특히 인기가 많은 편이다. 아마도 혼자서 밥을 먹을 때는 단짠한 메뉴도 한 번씩은 시도해보는 샤이팬이 있지 않을까 상상해본다. 보통 피자집에 갈때면 이탈리안 피자를 주로 즐겨 먹지만 가끔 혼자 있을 땐 하와이안 피자를 배달해 먹기도 하는 것처럼. 만일 이런 취향이 있다면 꼭 만들어보기를 추천한다. 따뜻해서 단맛이 오른 파인애플과 건포도, 닭가슴살, 새우 그리고 옐로 커리와 함께 볶은 고슬고슬한 밥은 꽤 기분 좋아지는 맛이다.

INGREDIENTS

메인 재료

60g	닭가슴살
3마리	새우
140g	파인애플
60g	양파
1Ts	당근
1+½C	재스민 라이스
1Ts	건포도
1개	달걀

양념

1ts	흰 설탕
2ts	굴소스
1ts	간장
⅓ts	백후춧가루
⅓ts	소금
¾ts	강황 가루
¾ts	커리 파우더
2Ts	식용유

가니시

3개	오이 슬라이스
5개	파인애플 슬라이스
3개	방울토마토

RECIPE

① 닭가슴살은 껍질을 제거하고 한입 크기로 썰어 삶는다.
② 새우는 꼬리 부분만 남기고 껍질을 제거한다.
③ 파인애플은 1cm 큐브로 썰고 양파와 당근은 0.5~1cm 큐브로 썬다.
④ 볼에 재스민 라이스와 ①, ②, ③, 양념 재료를 모두 넣고 간이 배어들도록 고루 섞는다.
⑤ 중불로 달군 웍에 식용유를 두르고 달걀을 넣어 스크램블드에그를 만든다.
⑥ ④를 넣고 5초 정도 볶은 후 모자란 간은 간장으로 맞춘다.
⑦ 그릇에 담고 가니시로 장식해 완성한다.

볼에 재스민 라이스와 설탕, 굴소스, 간장, 백후춧가루, 강황 가루, 커리 파우더를 넣고

큐브로 썬 양파와 당근, 파인애플과 건포도를 함께 넣어줍니다.

한입 크기의 삶은
닭가슴살과 껍질을
제거한 새우도 같이 넣어
간이 배어들도록 고루
섞어줍니다.

중불로 달군 웍에 식용유를
두르고 스크램블드에그를
만들고

볼에 섞어놓은 재료를
모두 넣어 잘 볶아줍니다.

부족한 간은 간장으로
맞추고 그릇에 담아
오이와 파인애플 슬라이스,
방울토마토로 장식하면
완성!

팟키마오

ผัดขี้เมาเส้นใหญ่

닭가슴살과 채소를 넣어 매콤하면서도 담백하게 볶은 드렁큰 누들

마오는 태국어로 '취하다'라는 뜻으로 워낙 즐겨 쓰는 표현이라 술집 콘셉트의 소이연남 매장에 덧붙여 소이연남 마오, 즉 '취한 소이연남'으로 운영하고 있기도 하다.

팟키마오는 '취한 볶음면'을 의미하며 영미권에서는 '드렁큰 누들'이라고 부른다. 이름의 유래는 두 가지로 전해지는데, 정설이 크게 중요하지 않아 각자 좋아하는 쪽을 믿으면 된다. 그 하나는 태국 야시장의 대표 메뉴로 거나하게 취한 사람들이 탄수 크레이빙이 올 때 찾아서 붙여진 이름이고 또 다른 하나는 취객이 상한 속을 달래려고 이것저것 섞어 볶는 '냉털' 요리에서 유래했다는 것이다.

맵고 뜨거운 한국의 얼큰 해장 문화에 비하면 비주얼이 젊잖달까… 이름과 연관이 잘 안 되는 것 같기도 하지만 속을 든든하게 채워주고 센 불에 볶아 아삭한 맛이 살아 있는 채소 토핑들이 에너지를 돋우는 기분이다.

토막 태국어 회화

เมายัง 마오양? = 너 취했니?
ยังไม่เมา 양마이 마오 = 아직 안 취했어.

INGREDIENTS

메인 재료

120g	닭가슴살
70g	양배추
30g	청경채
10g	당근
30g	브로콜리
2개	방울토마토
130g	쌀국수(10mm)
½Ts	다진 마늘
½ts	쥐똥고추
1개	달걀
적당량	식용유
약간	소금

양념

1ts	피시 소스
1ts	시즈닝 소이 소스
½Ts	굴소스
1+½ts	흰 설탕
½ts	백후춧가루

RECIPE

① 닭가슴살과 채소는 먹기 좋은 크기로 썬다.
② 닭가슴살과 브로콜리는 끓는 물에 소금을 넣고 살짝 데친다.
③ 찬물에 불린 쌀국수를 끓는 물에 데친 뒤 물기를 제거한다.
④ ③과 채소, 양념을 모두 넣고 미리 섞어 간이 고르게 배어들도록 한다.
⑤ 중불로 달군 웍에 식용유를 두르고 다진 마늘과 쥐똥고추를 넣어 향을 낸다.
⑥ 달걀을 넣어 스크램블드에그를 만든다.
⑦ 나머지 재료를 모두 넣고 센 불에서 고루 볶아 완성한다.

Tip 면과 채소를 양념과 미리 섞어두는 것이 웍에서 빠르게 볶을 때 간이 고르게 배고 오버쿡 되지 않게 하는 비결!

소금물에 살짝 데친 닭가슴살과 브로콜리는 적당한 크기로 썰어 준비하고

방울토마토는 반으로 썰고 청경채와 당근, 양배추, 쥐똥고추는 적당한 크기로 자릅니다.

찬물에 불린 쌀국수는 끓는 물에 데쳐 물기를 제거한 후 볼에 담고

손질한 채소와 설탕, 굴소스, 피시 소스, 시즈닝 소이 소스, 백후춧가루를 넣고 미리 섞어 간이 고르게 배어들도록 합니다.

중불로 달군 웍에
식용유를 두르고 다진
마늘과 쥐똥고추를 볶아
향을 내고

달걀을 넣어
스크램블드에그를
만듭니다.

볼에 섞어둔 재료를 모두 넣고
스크램블드에그와 함께 센 불에서
볶아 마무리하면 완성!

팟타이

달걀, 새우, 아삭한 숙주와 새콤달콤하면서 짭짤한 소스가 어우러지는 볶음 쌀국수

외국 음식 전문점을 운영하는 사람에겐 그 나라의 대표 메뉴가 애증의 대상이 되는 경우가 많다. 여행지에서 접해본 스타일을 '현지 맛'의 기준으로 삼는 고객을 만날 수밖에 없기 때문이다. 우리나라의 김치찌개만 해도 수많은 종류와 스타일이 있는데 과연 '현지 맛'이란 게 존재하는지 모르겠다. 식당 주인의 한탄은 여기까지 하기로 하고…

태국 음식 중 가장 유명하고 사랑받는 메뉴인 팟타이의 현지 맛 기준은 아마 방콕의 카오산 로드가 아닐까 하는데 배낭여행객의 성지인 만큼 케첩을 과다 사용하는 등 태국인이 즐겨 먹는 레시피와는 거리가 멀다. 외국인 관광객을 대상으로 판매하는 명동의 길거리 음식을 우리가 한식의 맛을 대표한다고 말할 수 없는 것과 비슷하다.

툭툭누들타이의 팟타이는 건타마린드로 소스를 만들어 새콤한 맛이 자연스럽고 큼지막하게 썬 두부를 직접 튀겨 구수한 맛으로 밸런스를 잡는 것이 특징이다. 여담이지만 사실 어떤 스타일의 팟타이도 태국인들의 일상식은 아니다. 태국 음식 하면 떠오르는 대표 음식인 것치고는 그 역사도 길지 않다. 1930년대에 '타일랜드'라는 국호가 생기며 현대 태국으로 발돋움하던 시기에 자국 쌀 소비량을 증진시키기 위한 방안으로 국가적 차원에서 개발된 레시피이다. 얼마나 국가적 프로젝트였냐 하면 팟타이라는 이름 자체가 '태국의 볶음'이라는 뜻이다. 비유하자면 한식 세계화를 위해 정부 프로젝트로 'K떡볶이' 레시피를 서양인의 입맛에 맞게 개발해낸 것이라고 할 수 있다.

INGREDIENTS

메인 재료

3Ts	식용유
1개	달걀
100g	숙주
20g	부추
30g	튀긴 두부 큐브
4마리	대하 새우 (다른 새우나 닭고기 등으로 대체 가능)
120g	쌀국수
90g	팟타이 소스
4Ts	물

팟타이 소스

¾ts	피시 소스
¾ts	스리라차 소스
¾ts	케첩
2Ts	흰 설탕
⅓ts	소금
3+½ts	타마린드 페이스트
½ts	양조간장
½ts	고운 고춧가루

가니시

적당량	볶은 땅콩가루
적당량	고춧가루
적당량	레몬 웨지

RECIPE

① 두부는 큼직하게 큐브 모양으로 썰어 노릇하게 튀긴다.

② 중불로 달군 팬에 식용유를 두르고 스크램블드에그를 만든 뒤 팬 한쪽으로 밀어놓는다.

③ 새우를 넣고 반쯤 익으면 불린 쌀국수와 튀긴 두부, 물을 넣어 면이 부드럽게 잘 익고 물기가 마를 때까지 가열한다.

④ 미리 섞어놓은 팟타이 소스를 붓고 숙주와 부추를 넣어 채소가 다 익을 때까지 센 불로 볶는다.

⑤ 접시에 담고 취향에 따라 가니시를 곁들인다.

Tip 불린 면이어도 금방 말라 다른 재료가 익기 전에 면이 달라붙거나 타기 십상이기 때문에 물을 옆에 준비해두는 것이 팟타이 승패의 가장 중요한 요인.

두부는 큼직하게
큐브 모양으로 썰어

뜨겁게 달군 팬에
식용유를 붓고 노릇하게
튀겨 준비합니다.

중불로 달군 팬에
식용유를 두르고
스크램블드에그를 만들어

한쪽으로 살짝 밀어두고
새우를 반 정도
익혀줍니다.

볶음면은 충분한 시간을 두고
쌀국수 면을 불리는 것이
중요합니다. 볶음면에 많이
사용하는 3mm 면은 40°C
정도의 따뜻한 물에 15분간
불려 준비합니다.

쌀국수 전문점의 아침은
하루치 쌀국수를 준비한 뒤
1인분씩 소분해 냉장실에
넣어두는 것으로 시작합니다.

쌀국수와 튀긴 두부, 물을 넣어 면이 부드럽게 잘 익고 물기가 마를 때까지 가열합니다.

피시 소스, 칠리소스, 케첩, 설탕, 소금, 타마린드 페이스트, 간장, 고춧가루를 미리 섞어 만든 팟타이 소스를 붓고 숙주와 부추를 넣어 채소가 다 익을 때까지 센 불에 볶아내면 완성!

접시에 담고 취향에 따라 땅콩 가루, 고춧가루, 레몬 웨지를 곁들여줍니다.

꾸에띠여우 씨크롱무

ก๋วยเตี๋ยวซี่โครงหมู

깊고 담백한 맛의 돼지뼈 육수에 부드럽게 삶은 쪽갈비가 들어간 쌀국수

'툭툭누들타이' 이름에서 추측할 수 있듯, 원래는 자그마한 태국 쌀국숫집을 하려던 게 시작이었는데 단골손님들에게 메뉴에 없는 음식을 하나둘씩 해주다 보니 일이 커져버렸다. 결국 툭툭누들타이의 메인 메뉴인 소고기 쌀국수로 '소이연남'이라는 쌀국수 전문 브랜드를 새로 만들었고, 툭툭누들타이에는 다른 메뉴들과 잘 어울리는 돼지뼈 육수의 담백한 쌀국수를 남겼다.

곁들이는 고추 라임 소스는 마늘과 피시 소스 향이 좋아 부드러운 갈비를 찍어 먹고, 국물에도 한 스푼 더하면 감칠맛과 산미를 더할 수 있다.

쌀국수

쌀국수에 대한 리뷰가 대부분 국물과 고기에 집중되지만 가장 중요한 건 면이다. 국물맛이 잘 배면서도 탄력 있고 전분 맛이 나지 않아야 한다. 재밌게도 툭툭누들타이와 소이연남에서 독점 수입하는 면은 파리의 한 식당에서 소개받아 사용하게 되었다. 결혼기념일 여행으로 간 이민자의 도시 파리에서 베트남, 태국, 라오스, 캄보디아 쌀국수 투어를 신나게 하던 중 쌀국숫집 Song Heng의 면에 반해버렸다. 다행히 쓰레기통을 뒤지지는 않아도 되었고, 사정을 들은 호쾌한 사장님이 제조사를 알려주어 우리에게 잘 맞는 면을 수입하기 시작했다.

INGREDIENTS

메인 재료

120g	쌀국수(3mm)
90g	숙주
80g	돼지고기 목살
1ts	쪽파
1Ts	셀러리 잎
1꼬집	백후춧가루
1개	레몬 웨지
약간	튀긴 마늘

육수

700ml	돼지뼈 육수
	돼지뼈 육수 만드는 법은 268p 참고
3개	쪽갈비
1Ts	흰 설탕
½ts	소금
3ts	양조간장
5ts	굴소스
1ts	시즈닝 소이 소스

RECIPE

① 냄비에 돼지뼈 육수와 쪽갈비를 넣고 부드럽게 익을 때까지 센 불에서 끓인다.
② 중불로 줄인 후 설탕과 소금을 넣고 15분 정도 끓인다.
③ 간장과 굴소스, 시즈닝 소이 소스로 간하고 굴소스가 잘 풀어지도록 저어가며 15~20분 정도 끓인다.
④ 위로 떠오르는 거품을 걷어내고 약불로 끓이다 목살을 넣어 익힌다.
⑤ 불린 쌀국수를 끓는 물에 15초간 데치고 숙주를 넣어 5초 정도 더 데친다.
⑥ 체에 건져 물기를 제거하고 그릇에 담는다.
⑦ 쪽갈비와 목살을 올리고 육수를 부은 뒤 쪽파와 셀러리 잎, 튀긴 마늘, 백후춧가루를 뿌리고 레몬 웨지를 짜 넣어 완성한다.

냄비에 돼지뼈 육수와 쪽갈비를 넣어 부드럽게 익을 때까지 센 불에서 끓이고

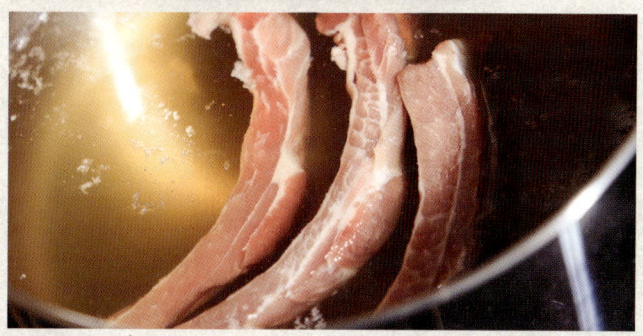

중불로 줄인 후 설탕과 소금을 넣어 15분 정도 더 끓여줍니다.

간장과 굴소스, 시즈닝 소이 소스로 간을 하고 굴소스가 잘 풀어지도록 저어가며 중불로 15~20분 정도 더 끓입니다.

위로 떠오르는 거품을 걷어내고 약불로 줄여 목살을 넣고 익힙니다.

불린 쌀국수를 끓는 물에 15초간 데치고 숙주를 넣어 5초 정도 더 데친 후

체에 건져 물기를 제거하고 그릇에 담습니다.

쪽갈비와 목살을 올리고 육수를 부은 뒤 쪽파와 셀러리 잎, 튀긴 마늘, 백후춧가루를 뿌리고 레몬 웨지를 짜 넣어주면 완성!

꿍옵운센

กุ้งอบวุ้นเส้น

녹두 당면을 씨유담 간장 소스에 찌듯이 볶은 면

낯선 언어다 보니 태국 메뉴를 하나의 정해진 이름으로 이해하기 쉬운데, 태국의 음식명도 다른 나라처럼 주재료와 조리법이 조합된 경우가 대부분이어서 재료의 선택에 따라 이름이 달라진다. 꿍옵운센의 '꿍'은 새우를 뜻하는 태국어인데 게를 쓰면 뿌옵운센, 조개를 넣으면 호이옵운센이 된다. 운센은 녹두 당면이고 여기서 재밌는 건 '옵'이라는 조리 기법이다. 영어로 'Stir-fried'라고 번역하는 경우도 있는데 이보다는 'Steam-baked'라고 하는 것이 맞다. 아주 적은 양의 기름과 약간의 수분을 넣고 뚜껑을 덮어 찌듯이 볶거나 굽는 쪽에 가깝기 때문이다. 일반적으로 찌는 것보다는 볶는 게 맛이 더 풍부한 경우가 많은데 꿍옵운센은 그런 생각이 전혀 들지 않을 정도로 꽉 찬 맛을 가진다. 씨유담 간장을 기반으로 한 소스에 고수 뿌리, 생강, 마늘 향을 풍성하게 표현한 메뉴다. 주로 사용하는 전용 용기가 있는데 뚜껑이 있는 작은 냄비면 가능하다.

INGREDIENTS

메인 재료

60g	녹두 당면
2줄기	쪽파
1대	셀러리
40g	치킨스톡 (채수 또는 물로 대체 가능)
3마리	새우

페이스트

1개	고수 뿌리
2쪽	마늘
1조각	생강(2cm 크기)
1ts	백후춧가루

시즈닝

1ts	참기름
½Ts	굴소스
1ts	설탕
1ts	간장
½ts	씨유담 간장
2Ts	식용유(옵션)

RECIPE

① 녹두 당면은 찬물에 20분간 불린다.

② 쪽파와 셀러리는 2cm 길이로 썬다.

③ 돌절구에 고수 뿌리와 마늘, 생강, 백후춧가루를 넣고 고운 페이스트 상태가 되도록 빻는다.

④ 냄비에 식용유를 두르고 ❸을 볶아 향이 우러나면 치킨스톡과 녹두 당면을 넣어 고루 섞는다.

⑤ 시즈닝 재료를 모두 넣고 살짝 볶는다.

⑥ 새우를 넣고 어느 정도 익으면 ❷를 넣는다.

⑦ 뚜껑을 덮고 중불에서 1분 정도 익혀 완성한다.

돌절구에 고수 뿌리와 마늘, 생강, 백후춧가루를 넣고 고운 페이스트 상태가 되도록 빻아줍니다.

냄비에 식용유를 두르고 빻아둔 페이스트를 볶다가

> 향이 충분히
> 우러나면
> 치킨스톡과 찬물에
> 불린 녹두 당면을
> 넣고

굴소스와 간장, 설탕,
참기름, 식용유를 넣어
살짝 볶아줍니다.

새우를 넣고 어느 정도 익으면 2cm 길이로 썰어놓은 셀러리와 쪽파를 넣습니다.

뚜껑을 덮고 중불에서 1분 정도 익혀내면 완성!

사왓디 만두

새우와 돼지고기, 표고버섯으로 노란 만두피를 채워서 타이 블랙 소스를 곁들여 먹는 물만두

'한국화된 태국 음식'이라는 말에 벌컥 하지 않을 여유가 생기는 데 10년은 걸린 것 같다. 한국 입맛이 뭔지 모르던 태국 셰프들만 있을 때도, 파파야 등 당시엔 흔치 않던 현지 재료를 찾아 연희동 사러가쇼핑센터며 안산 시장을 뒤지고 다닐 때도 '향신료 향이 너무 강하다'거나 '한국화된 맛이다'는 상반된 평이 오가는 터에 예민했던 시절이 있었다. 더더욱 경계심을 갖고 태국 현지 맛을 고집해오던 10년 차에야 우리 스타일대로, 내가 먹고 싶은 맛대로 메뉴를 만들어볼 생각을 할 수 있게 되었다.

장편 마니아지만 고급 전문점을 찾을 여유가 없을 때 손쉽게 먹고 싶어서 태국의 노랑 만두피에 텃만꿍 속을 넣어 느슨하게 여민 물만두를 만들었다. 팟씨유의 주재료인 씨유담 간장을 베이스로 한 달콤새콤한 소스를 옅게 뿌리고 튀긴 마늘과 고수를 얹으니 꽤 자랑스러운 음식이 완성되었다.

INGREDIENTS

메인 재료

100g	새우살
200g	돼지고기
40g	돼지비계
60g	표고버섯
1ts	소금
2ts	설탕
1ts	백후춧가루
2ts	굴소스
1Ts	전분
1ts	참기름
1Ts	마늘 오일
적당량	달걀 만두피 (일반 만두피로 대체 가능)
1개 분량	달걀흰자

소스

20ml	물
20ml	씨유담 간장 (태국 노두유)
80ml	식초
30g	설탕
1ts	소금
1Ts	마자오 가루

RECIPE

① 새우는 깨끗이 씻고 물기를 제거한 뒤 곱게 다진다.

② 돼지고기와 돼지비계, 표고버섯을 블렌더나 칼로 잘게 다져 ①과 섞는다.

③ 볼에 ②와 소금, 설탕, 백후춧가루, 굴소스를 넣고 충분히 끈기가 형성될 때까지 치대가며 섞는다.

④ 전분을 넣고 섞은 후 참기름과 마늘 오일을 넣어 반죽을 마무리한다.

⑤ 만두피에 ④를 조금씩 올리고 손으로 가장자리에 달걀흰자를 살짝 바른 뒤 가볍게 눌러 장편 모양을 만든다.

⑥ 끓는 물에 4분간 삶은 뒤 물기를 제거하고 접시에 담는다.

⑦ 냄비에 마자오 가루와 고수 잎을 뺀 소스 재료를 모두 넣고 가볍게 끓인다.

⑧ 마자오 가루와 다진 고수 잎을 넣고 섞은 후 만두에 뿌려 완성한다.

새우는 깨끗이 씻고 물기를 제거한 뒤 곱게 다집니다.

돼지고기, 돼지비계, 표고버섯도 블렌더나 칼로 잘게 다져 새우와 함께 섞고

소금과 설탕, 백후춧가루, 굴소스를 넣어 끈기가 충분히 형성될 때까지 치대가며 섞어줍니다.

전분을 넣고 섞은 후 참기름과 마늘 오일을 넣어
반죽을 마무리합니다.

만두피에 소를
조금씩 올리고
가장자리에
달걀흰자를
살짝 바른 뒤
손바닥으로
가볍게 눌러 장편
모양을 만들어

끓는 물에 4분간 삶은 뒤 물기를 제거합니다.

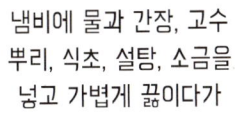

냄비에 물과 간장, 고수 뿌리, 식초, 설탕, 소금을 넣고 가볍게 끓이다가

마자오 가루와 다진 고수 잎을 넣고 섞어 소스를 만든 뒤 삶은 만두에 뿌려주면 완성!

팟씨유

태국 블랙 소이 소스로 볶아 만든 쌀국수 요리

태국 음식에 초심자 메뉴와 '뭘 좀 아는 사람'의 메뉴가 따로 있다고 생각하진 않는다. 하지만 팟씨유를 주문하는 손님은 뭘 좀 아는 사람일 가능성이 높은데, 유독 자기가 좋아하는 면의 굵기나 토핑의 종류에 구체적이다.

툭툭누들타이의 팟씨유 레시피는 국물 쌀국수 면인 3mm보다 굵은 10mm 면과 소고기 토핑, 짭짤하고 윤기 나는 소스 버전으로 특히 까다로운 편인 우리 단골손님 Summer Lee가 늘 요청하는 스타일대로 고정되었다.

*팟씨유는 태국의 진한 간장인 '씨유담'에서 이름을 따왔으며 중국의 노두유와 비슷하다. 중국 노두유보다 단맛이 약간 더 강하며, 다른 소스와 함께 색을 더하는 역할도 한다.

INGREDIENTS

메인 재료

100g	소고기
30g	브로콜리
30g	청경채
10g	당근
70g	양배추
130g	쌀국수(10mm)
½Ts	다진 마늘
1개	달걀
3Ts	물
1ts	시즈닝 소이 소스

양념

1ts	간장
½Ts	굴소스
1+½ts	흰 설탕
1ts	씨유담 간장
½ts	백후춧가루

곁들이는 양념

적당량	고춧가루
적당량	고추 피클
적당량	피시 소스

RECIPE

① 브로콜리와 청경채는 한입 크기로 썰고 당근은 얇게 슬라이스하고 양배추는 1cm 두께로 슬라이스한다.

② 불린 쌀국수를 끓는 물에 넣고 80% 정도만 익힌 뒤 건져 물기를 제거한다.

③ 끓는 물에 브로콜리와 소고기를 넣고 80%만 익힌다.

④ 볼에 ②와 ③, 당근, 양배추, 청경채, 양념 재료를 넣고 고루 섞는다.

⑤ 중불로 달군 웍에 식용유를 두르고 다진 마늘을 넣어 향이 우러나면 스크램블드에그를 만든다.

⑥ ④를 넣고 센 불에서 볶다 물을 살짝 두르고 시즈닝 소이 소스를 넣어 진한 갈색이 나도록 볶는다.

⑦ 그릇에 담고 곁들이는 양념을 취향껏 더해 완성한다.

당근은 얇게 슬라이스하고 청경채와 브로콜리는 한입 크기로 썰고

양배추는 1cm 두께로 썰어 준비합니다.

불린 쌀국수는 끓는 물에 넣고 80% 정도만 익힌 뒤 건져 물기를 제거합니다.

끓는 물에 브로콜리와 소고기를 넣고 80%만 익혀 준비합니다.

볼에 살짝 익힌 쌀국수, 브로콜리, 소고기와 당근, 양배추, 청경채, 간장, 설탕, 굴소스, 백후춧가루를 넣고 고루 섞어둡니다.

중불로 달군 웍에 식용유를 두르고 다진 마늘을 넣어 향을 내고

마늘 향이 우러나면 스크램블드에그를 만듭니다.

스크램블드에그에 볼에
준비해둔 재료를 모두 넣어
센 불에서 볶다가

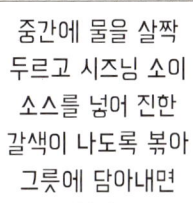

중간에 물을 살짝
두르고 시즈닝 소이
소스를 넣어 진한
갈색이 나도록 볶아
그릇에 담아내면
완성!

곁들이는 양념을
취향껏 더해 먹으면
더욱 맛있습니다.

커무양

북부 지방 대표 요리로 찹쌀밥, 남찜째우와 곁들여 먹는 항정살 통구이

태국 동북부 지역인 이싼의 대표적인 음식으로 방콕에서 대중적인 인기를 얻은 쫄깃한 항정살 양념 구이다.

갓 한국에 온 태국 셰프들이랑 마켓 투어를 가면 진기한 해산물의 종류(예컨대 개불!!)나 영수증 자릿수를 다시 세볼 정도로 믿기지 않는 고수와 파파야 가격 등에 놀라는 일이 많다. 그중에서도 미리 슬라이스해서 파는 항정살을 보면 눈이 똥그래진다. 태국에서는 항정살을 덩어리째 구워 얇게 슬라이스해서 먹는 게 당연한 방식이기 때문이다. 굽기 전에 단짠의 양념을 발라 하루 이상 재워두었다가 겉은 캐러멜라이징하고 속은 부드럽게 익혀 자르면, 한국의 항정살 구이와는 완전히 다른 멋진 맛이 된다.

커무양은 마리네이드 소스를 만들 때 손이 많이 가고 팜슈거가 들어간 양념을 태우지 않고 속까지 굽기가 까다로운 편. 따라서 가정 요리보다는 이싼 사람들이 운영하는 푸드코트나 식당에 가서 먹는 것이 일반적이다.

INGREDIENTS

메인 재료

1kg	항정살
적당량	남찜째우 소스(옵션)

남찜째우 소스 만드는 법 276p 참고

양념

2~3개	고수 뿌리
2+½Ts	마늘
1+½Ts	굴소스
2Ts	흰 설탕
¾ts	소금
1+¾Ts	간장
1ts	씨유담 간장
1+½Ts	피시 소스
½C	휘핑크림
1ts	강황 가루
2ts	커리 파우더
3Ts	전분
1+½ts	백후춧가루
3+½Ts	물

RECIPE

① 항정살은 지방을 반 정도 제거하고 체에 올려 30분 정도 수분을 날린다.

② 고수 뿌리와 마늘은 곱게 다진다.

③ 볼에 ②와 나머지 양념 재료를 모두 넣고 고루 섞는다.

④ 항정살을 넣고 양념이 잘 배어들도록 주무른 후 실온에서 1시간 또는 냉장실에서 하룻밤 재운다.

⑤ 180℃로 예열한 오븐 또는 에어 프라이어에 20분간 굽고 뒤집어 10분간 더 굽는다.

⑥ 가장자리 탄 부분을 제거하고 적당한 크기로 썰어 접시에 담고 남찜째우 소스를 곁들여 완성한다.

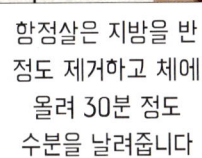
항정살은 지방을 반 정도 제거하고 체에 올려 30분 정도 수분을 날려줍니다

볼에 곱게 다진 고수 뿌리와 마늘을 넣고

굴소스, 설탕, 소금, 간장, 피시 소스, 휘핑크림, 강황 가루, 커리 파우더, 전분, 후춧가루, 물을 넣어 고루 섞은 뒤

항정살을 넣고 양념이 잘 배어들도록 주무른 다음 랩을 씌워 실온에서 1시간 또는 냉장실에서 하룻밤 재워둡니다.

180°C로 예열한 오븐 또는 에어 프라이어에 20분간 굽고 뒤집어 10분간 더 구워줍니다.

가장자리 탄 부분을 제거하고 적당한 크기로 썰어 접시에 담고 남찜째우 소스를 곁들이면 완성!

가이뼁

ไก่ปิ้ง

태국식 마리네이드가 독특한 바비큐 꼬치

태국 여행 중 방콕만 가본 사람이라도 낯선 지명을 가진 동네의 태국 음식을 제법 접해봤을 수 있다. 태국의 수도인 방콕에는 일자리를 찾아 모여든 여러 지역의 사람들이 있고, 그 지역의 음식이 방콕 대표 스트리트 푸드로 자리 잡았기 때문이다.

특히 툭툭누들타이의 셰프들 대부분의 고향인 이싼 지역은 전통적으로 농사만 짓던 곳이라 마땅한 일자리가 흔치 않은 요즘은 집안을 책임지는 장남이 방콕으로 나가 일하는 경우가 많다. 방콕에 터를 잡은 이싼 사람들의 소울 푸드인 닭고기나 돼지고기를 양념에 버무려 꼬치에 끼운 뒤 하룻밤 재워 숯불에 굽는 가이뼁과 무뼁이 방콕의 대표적인 스트리트 푸드가 된 것은 당연한 일이다.

'뼁' 즉 숯불 꼬치 요리는 출근길에 급하게 해결하는 아침 식사는 물론이고 퇴근 후 얼음 넣은 맥주에 곁들이는 저녁 식사가 되기도 한다. 노점의 닭꼬치와 일본식 야키도리가 치열하게 경쟁하는 한국에서 손이 많이 가는 태국 꼬치가 과연 의미 있을까 싶지만 이싼 출신의 셰프들은 오늘도 꿋꿋이 각종 스파이스를 절구로 갈아 준비한다. 그럴 이유가 충분한 독특한 매력이 있는 메뉴다.

INGREDIENTS

메인 재료

200g	닭다릿살
6개	고수 뿌리
2Ts	마늘
2Ts	볶은 쿠민씨
2Ts	볶은 고수씨
2ts	백후춧가루

시즈닝

2Ts	팜슈거
½Ts	흰 설탕
2Ts	시즈닝 소이 소스
2Ts	간장
4Ts	굴소스
½Ts	씨유담 간장
3Ts	식용유

RECIPE

① 대나무 꼬치는 물에 20분 정도 담가놓는다.
② 닭다릿살은 한입 크기로 썰고 고수 뿌리와 마늘은 곱게 다진다.
③ 약불로 달군 팬에 고수씨와 쿠민씨를 넣고 연기가 살짝 나고 향이 진해질 때까지 볶는다.
④ 절구에 ③과 백후춧가루, 다진 고수 뿌리와 마늘을 넣고 페이스트의 질감이 되도록 빻는다.
⑤ 볼에 시즈닝 재료를 모두 넣고 설탕이 녹을 때까지 잘 섞는다.
⑥ 닭다릿살을 넣고 골고루 버무린다.
⑦ 대나무 꼬치에 꽂아 30분 이상 재우고 그릴 팬에서 약불로 6~8분간 구워 완성한다.

약불로 달군 팬에 고수씨와 쿠민씨를 넣고 연기가 살짝 나면서 향이 진해질 때까지 볶습니다.

절구에 볶은 고수씨와 쿠민씨, 백후춧가루, 다진 고수 뿌리, 다진 마늘을 넣고 페이스트의 질감이 되도록 빻아줍니다.

볼에 팜슈거, 설탕, 간장, 굴소스, 식용유를 넣고 설탕이 녹을 때까지 잘 섞고

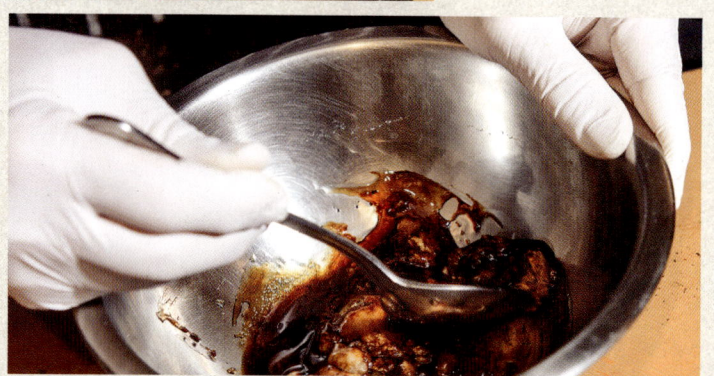

한입 크기로 썬 닭다릿살을 넣어 골고루 버무려줍니다.

그릴 팬에 약불로 6~8분간 구워주면 완성!

물에 20분 정도 담가놓은 대나무 꼬치에 양념한 닭다릿살을 꽂아 30분 이상 재웁니다.

랍무

볶은 찹쌀가루, 피시 소스, 라임주스로 시즈닝한 돼지고기 샐러드

덥고 습한 여름이 되면 가장 좋아하는 음식 1위다. 민트, 라임, 적양파 향이 살아 있는 고기를 채소, 고수와 함께 먹으면서 얼음 넣은 맥주를 양껏 마시는 것을 좋아한다. 특히 랍무는 고기를 물에 데치듯 요리해서 가볍고 싱그러운 채소의 향이 더욱 도드라진다. 기본 조리는 간편한데 핵심 재료인 '카오쿠아'라고 불리는 볶은 찹쌀가루를 만드는 데 시간이 좀 걸린다. 하지만 카오쿠아만이 더할 수 있는 구수하면서도 향긋한 맛이 있으니 남찜째우 소스 편에 실린 레시피를 따라서 꼭 정성들여 만들어보기를 추천한다.

INGREDIENTS

메인 재료

15g	적양파
3g	쪽파
3g	고수 잎
2g	민트 잎
60ml	치킨스톡(물로 대체 가능)
350g	다진 돼지고기
10g	피시 소스
10g	라임주스
5g	고춧가루
8g	카오쿠아
	카오쿠아 만드는 법은 277p 참고
80g	알배추
15g	양상추

RECIPE

① 적양파는 얇게 슬라이스하고 쪽파와 고수 잎은 다진다. 민트 잎은 손으로 뜯는다.

② 중불로 달군 깊은 팬에 치킨스톡을 붓고 끓기 시작하면 다진 돼지고기를 넣어 수분이 마를 때까지 고루 익힌 뒤 불을 끈다.

③ 피시 소스와 라임주스, 고춧가루, 카오쿠아를 넣고 잘 섞는다.

④ 적양파와 쪽파, 고수 잎, 민트 잎을 넣고 무친 후 알배추, 양상추를 곁들여 완성한다.

Tip 다양한 쌈채소와 오이를 곁들여도 좋다.

가이양

ไก่ย่าง

태국식 단짠 소스를 곁들인 닭구이

태국도 치맥의 나라다. 태국 노점의 가이양은 마리네이드한 닭을 직화 구이한 반면 우리는 스팀 오븐에 속을 촉촉하게 익힌 다음 마지막에 기름에 살짝 튀겨 껍질만 바삭하게 만든다. 태국 스타일의 튀긴 닭껍질 맛도 함께 소개하고 싶어서 메뉴에 올렸다.

치킨에 진심인 나라답게 태국에서는 염지법에도 공을 들이는 편인데, 속살을 촉촉하게 굽기 위한 기본 염지 재료에 레몬그라스, 고수 뿌리 등의 향신 재료가 다양하게 사용된다. 태국에서 가이양은 쏨땀, 찹쌀밥과는 거의 삼총사처럼 세트로 묶이는데, 함께 먹어보면 왠지 이유를 알 수 있다.

마늘칩이나 샬롯칩을 주기도 하고, 땅콩 소스를 양념으로 하거나 피시 소스를 강하게 쓰는 남부 지역 스타일 등 종류가 무궁무진하다. 언젠가는 태국 치킨 전문점을 해보고 싶다는 생각을 가지고 있을 정도로 태국 치킨 요리에 진심이다.

INGREDIENTS

메인 재료

1마리	닭
1Ts	흑후춧가루
1+½Ts	백후춧가루
2개	고수 뿌리
½Ts	레몬그라스
½Ts	카피르라임 잎
2C	물
80g	마늘
¾Ts	흰 설탕
1ts	굴소스
100g	피시 소스
40g	휘핑크림
1ts	옐로 커리 파우더
⅓ts	강황 가루
1+½Ts	코코넛 밀크

소스

50g	물
200ml	식초
220g	흰 설탕
1ts	소금
3Ts	다진 홍고추
7Ts	다진 마늘

RECIPE

① 닭은 깨끗이 씻고 물기를 제거해 반으로 썬다.

② 푸드 프로세서에 후춧가루와 고수 뿌리, 레몬그라스, 카피르라임 잎, 물을 넣고 거칠게 간 후 마늘을 넣어 페이스트 형태가 되도록 간다.
 *전통적으로는 모든 재료를 절구에 넣고 빻는다.

③ 볼에 ②와 나머지 재료를 모두 넣고 고루 섞은 후 ①을 넣어 양념이 잘 배어들도록 버무린 뒤 하루 동안 냉장 보관한다.

④ 160℃로 예열한 오븐에 닭을 넣고 50분 정도 구운 후 뒤집어서 15분간 더 굽는다.

⑤ 냄비에 물과 식초, 설탕, 소금을 넣고 약불에서 설탕이 잘 녹도록 저은 뒤 다진 마늘과 다진 홍고추를 넣어 점도가 생길 때까지 졸인다.

⑥ ④는 먹기 직전에 껍질만 바삭하도록 기름에 살짝 튀긴 후 적당한 크기로 썰고 소스를 곁들여 완성한다.

닭은 깨끗이 씻어 물기를 제거한 뒤 반으로 토막을 내줍니다.

푸드 프로세서에 후춧가루와 마늘, 고수 뿌리, 레몬그라스, 카피르라임 잎, 물을 넣고 페이스트 형태가 되도록 거칠게 갈아

볼에 담고 커리 파우더, 강황 가루, 설탕, 굴소스, 피시 소스, 휘핑크림, 코코넛 밀크를 넣어 고루 섞은 뒤

여기에 닭을 넣고 양념이 잘 배어들도록 버무린 다음 하루 동안 냉장 보관합니다.

160°C로 예열한 오븐에 닭을 넣고 50분 정도 구운 후 뒤집어 15분간 더 구워줍니다.

냄비에 물과 식초, 설탕, 소금을 넣고 약불에서 설탕이 잘 녹도록 저은 뒤

다진 마늘과 홍고추를 넣어 점도가 생길 때까지 졸여 소스를 만듭니다.

오븐에 구운 닭은 먹기 직전에 기름에 한번 더 바삭하게 튀겨

적당한 크기로 썰고 소스를 곁들이면 완성!

팟끄라파오무쌉

ผัดกระเพราหมูสับ

세 가지 고추와 간장 소스의 감칠맛이 좋은 바질 돼지고기볶음

태국어를 전혀 모르고 향신료가 입에 맞지 않는 한국인이 태국 여행 내내 먹는 단 하나의 메뉴를 꼽는다면 팟끄라파오무쌉이다. 고수, 레몬그라스 등 독특한 향신채가 들어가지 않으면서 마늘과 매콤한 고추 맛이 나는 돼지고기볶음이라 울렁거리는 속 달래기에 딱이기 때문이다.

하지만 태국식 제육볶음이라고 단순히 말하기엔 섭섭한, 툭툭누들타이만의 킥이 있다. 마른 쥐똥고추, 생쥐똥고추, 홍고추 세 가지를 모두 사용하는데 스모키한 느낌과 과일을 연상시키는 상큼하면서 매운 단맛 등 복합적인 맛을 더할 수 있다. 그리고 '끄라파오'가 태국 바질의 한 종류인 홀리 바질Holy basil을 특정하는 만큼 생끄라파오를 구할 수 있는 철에는 꼭 넣는 것이 좋다.

돼지고기를 거칠게 갈아 소스와 볶은 뒤 덮밥 스타일로 먹는 것이 가장 일반적인 레시피이며, 집에서 라구 같은 파스타 소스로도 활용하고 두부구이에 얹거나 템페를 튀기듯 구워 버무려 먹기도 한다. 여름엔 새우나 가지 등을 추가해도 깜짝 놀라게 맛있다.

INGREDIENTS

메인 재료

400g	다진 돼지고기
40g	양파
½개	홍고추
½개	청고추
2Ts	마늘
2Ts	생쥐똥고추
3개	건쥐똥고추
3Ts	식용유
1Ts	피시 소스
1+½Ts	시즈닝 소이 소스
2+½Ts	굴소스
½Ts	씨유담 간장
½Ts	흰 설탕
50g	홀리 바질 잎(20~25장)
	*없을 경우 이탈리안 바질 사용
1개	달걀
적당량	재스민 라이스

RECIPE

① 양파는 굵게 채 썰고 홍고추와 청고추는 어슷하게 썬다.
② 절구에 마늘과 생쥐똥고추, 건쥐똥고추를 넣고 빻는다.
③ 중불로 달군 웍에 식용유를 두르고 ②를 넣어 1분 정도 향이 우러나도록 볶는다.
④ 다진 돼지고기를 넣고 반 정도 익으면 피시 소스와 시즈닝 소이 소스, 굴소스, 씨유담 간장, 설탕을 넣고 볶다 양파를 넣어 1분 정도 돼지고기가 잘 익을 때까지 볶는다.
⑤ 홍고추와 청고추, 바질 잎을 넣고 20초 정도 빠르게 볶는다.
⑥ 달군 팬에 식용유를 두르고 달걀프라이를 만든다.
⑦ 접시에 재스민 라이스를 담고 ⑤와 ⑥을 곁들여 완성한다.

절구에 마늘과 생쥐똥고추, 건쥐똥고추를 넣고 빻은 뒤

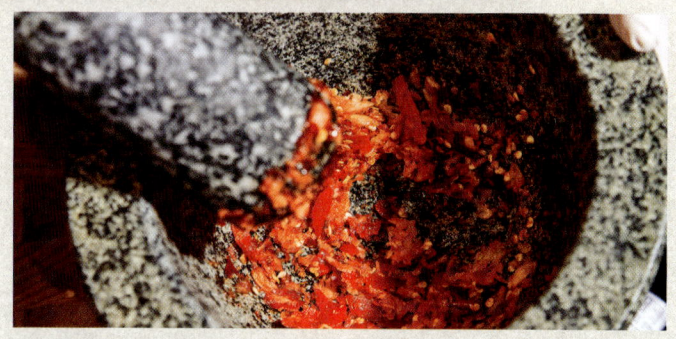

중불로 달군 웍에 식용유를 두르고 빻은 재료를 넣어 향이 우러나도록 볶아줍니다.

다진 돼지고기를 넣고
살짝 볶아

돼지고기가 반 정도
익으면 피시 소스와
시즈닝 소이 소스,
굴소스, 씨유담
간장, 설탕을 넣어
볶아줍니다.

굵게 채 썬 양파를 넣어 돼지고기가 잘 익을 때까지 볶다가

어슷하게 썬 홍고추와 청고추, 홀리 바질 잎을 넣고 20초 정도 빠르게 볶아 마무리합니다.

달군 팬에 식용유를 두르고 달걀프라이를 만들어 돼지고기볶음, 재스민 라이스와 함께 담아내면 완성!

쁠라능씨유

ปลานึ่งซีอิ๊ว

간장, 굴소스, 각종 허브를 곁들인 매콤새콤한 생선찜

태국 요리는 강렬한 소스나 볶음 요리 등으로 단순하게 생각하는 것과 달리 다양한 해산물 요리가 발달했다. 푸껫, 파타야 등 대표적으로 떠올리는 태국 휴양지가 바닷가라는 것만 떠올려도 알 수 있듯 신선한 해산물이 넘치는 나라다. 그중 새콤달콤한 소스와 각종 허브, 굴소스의 감칠맛이 어우러진 쁠라능씨유는 농어, 도미 등의 여러 가지 생선으로 조리할 수 있다. 같은 소스를 기반으로 새우, 오징어를 사용하기도 하는데 이 경우 텍스처를 위해 다지거나 슬라이스한 마늘, 잘게 자른 고수 줄기 등을 섞어 풍성하게 낸다.

INGREDIENTS

메인 재료

1마리	생선(민어 또는 도미, 병어 등) (약 700g)
3줄기	레몬그라스
10g	갈랑갈
40g	생강
60g	대파
1+½Ts	홍고추
3장	카피르라임 잎
½Ts	식용유

소스

100g	물
1+½Ts	간장
1Ts	굴소스
1Ts	시즈닝 소이 소스
½ts	씨유담 간장
1Ts	흰 설탕
1ts	참기름

RECIPE

① 냄비에 모든 소스 재료를 넣고 끓인다.

② 생선은 내장을 제거하고 깨끗이 손질한다.

③ 레몬그라스는 절굿공이로 두드려 부드럽게 만든 뒤 적당한 크기로 썰고 갈랑갈은 슬라이스한다.

④ 생강과 대파, 홍고추는 채 썬다.

⑤ 생선 뱃속에 레몬그라스와 갈랑갈, 카피르라임 잎을 채운다.

⑥ 깊이가 있는 넓은 접시에 ⑤를 담고 찜기에서 13~15분간 찐 후 그릇에 고인 물은 따라낸다.

⑦ 달군 웍에 식용유를 두르고 채 썬 생강과 대파, 홍고추를 넣고 중불에서 향이 우러나도록 60% 정도만 익힌 후 생선 위에 올린다.

⑧ ①을 웍에 붓고 15초간 뜨겁게 데운 후 ⑦에 부어 완성한다

냄비에 물과 간장, 굴소스, 설탕, 참기름을
끓여 소스를 만듭니다.

달군 웍에 식용유를 두르고 채 썬 생강과 대파, 홍고추를 넣어 중불에서 향이 우러나도록 60% 정도만 볶아줍니다.

찐 생선 위에 볶은 재료를 올린 뒤 뜨겁게 끓인 소스를 부어주면 완성!

꿍능마나오

다진 마늘과 고추에 피시 소스와 라임주스를 곁들여 먹는 새우찜

마늘, 고추, 피시 소스, 라임 어느 것 하나 적당할 것 없이 터프하게 넣어 만든 소스와 새우의 단맛, 고수가 만나면 꽤나 상큼하고 예쁜 맛이 된다. 둥근 접시에 빨간 새우를 둥글게 두르고 가운데 고수를 넣으면 마치 크리스마스리스 같은 느낌도 든다. 새우에 소스를 잔뜩 얹어서 먹는 것도 맛있지만 꼭! 찹쌀밥을 손으로 꼭꼭 다져 공 모양으로 만든 다음 소스에 콕 찍어 드셔보길 추천한다.

INGREDIENTS

메인 재료
| 10마리 | 타이거 새우 |

소스
- 1+½Ts 쥐똥고추
- 1+½Ts 청양고추
- 2+½Ts 마늘
- 1개 고수 뿌리
- 3Ts 피시 소스
- 3Ts 라임주스
- 1Ts+1ts 흰 설탕
- ⅛개 분량 레몬즙

가니시
- 약간 고수 잎
- 약간 마늘 슬라이스

RECIPE

① 쥐똥고추와 청양고추, 마늘, 고수 뿌리는 모두 거칠게 다진다.

② 새우는 꼬리 부분만 남기고 껍질을 제거하고 등에 칼집을 길게 넣고 꼬리를 안으로 넣어 모양을 잡는다.

③ 볼에 피시 소스와 라임주스, 설탕을 넣고 고루 섞는다.

④ ①과 레몬즙을 넣어 섞는다.

⑤ ②를 그릇에 담고 찜기에서 4분간 찐 후 물기를 따라낸 뒤 ④를 넉넉히 얹는다.

⑥ 고수 잎과 마늘 슬라이스로 장식해 완성한다.

새우는 꼬리 부분만 남기고 껍질을 제거한 뒤 등에 칼집을 길게 넣습니다.

손질한 새우는 꼬리를 안으로 넣어 모양을 잡은 뒤 접시에 원형으로 둘러 담고

찜기에 올려 4분간 찐 후 물기를 따라냅니다.

볼에 피시 소스와 라임주스, 설탕을 고루 섞고

거칠게 다진
청양고추, 쥐똥고추,
마늘, 고수 뿌리와
레몬즙을 넣고
고루 섞어 소스를
만듭니다.

찐 새우에 소스와 고수 잎,
마늘 슬라이스를 넉넉히
올려주면 완성!

쁠라텃랏남쁠라

ปลาทอดราดน้ำปลา

피시 소스를 곁들인 생선튀김

우리가 졸업식이나 생일을 맞이해 가족 모임으로 대형 갈빗집에 간다면, 태국에서는 패밀리 레스토랑에 가며 그곳의 꽃은 생선튀김이다. 그래서 태국 여행 중 현지 친구들을 만나면 가는 식당마다 나와 거의 매일 생선튀김을 먹는다. 외국 친구가 한국에 방문하면 모두가 자기가 좋아하는 불고기 맛집을 데려가고 싶어 하는 것과 비슷하달까?

계절에 따라 도미, 농어, 민어 등 살집이 좋은 생선을 사용하며 통째로 튀기기도 하고, 살을 발라낸 뒤 한입 크기로 썰어 튀기기도 한다. 그린파파야, 사과 등 과일 샐러드를 곁들이는 경우도 있고 소스도 다양한데, 툭툭누들타이의 생선튀김은 감칠맛이 진한 피시 소스를 곁들인 터프한 스타일이다. 키친에서 튀겨 내오면 따뜻한 피시 소스의 향이 식당 안을 가득 채우며 입맛을 다시게 한다.

INGREDIENTS

메인 재료
- 1마리 생선(병어)
- ½ts 백후춧가루
- 100g 튀김가루
- 1L 튀김용 식용유

소스
- 1Ts 식용유
- 2+½Ts 피시 소스
- 2Ts 흰 설탕
- 약간 건쥐똥고추

사과 샐러드
- 100g 사과
- 3개 샬롯
- 5줄기 고수 잎
- 10개 캐슈너트

사과 샐러드 드레싱
- 2Ts 라임주스
- 1+½Ts 피시 소스
- 2Ts 팜슈거
- 2Ts 쥐똥고추

RECIPE

① 냄비에 건쥐똥고추를 제외한 모든 소스 재료를 넣고 중불에서 설탕이 잘 녹을 때까지 끓인 후 약불에서 2분간 더 끓여 소스 농도가 되면 식힌다.

② 볼에 팜슈거와 라임주스, 피시 소스를 넣고 팜슈거가 잘 녹도록 섞고 다진 쥐똥고추를 넣어 드레싱을 만든다.

③ 사과는 채 썰고 샬롯은 얇게 슬라이스한다.

Tip 사과는 얼음물에 레몬주스를 섞어 담가 놓으면 갈변을 막을 수 있다.

④ 생선은 깨끗이 손질하고 양쪽에 칼집을 3~4군데 넣은 후 후춧가루를 뿌리고 튀김가루를 고루 묻힌다.

⑤ 웍에 식용유를 붓고 170~180℃로 달군 후 ④를 노릇하게 튀겨 기름기를 제거하고 그릇에 담는다.

⑥ 볼에 ②와 사과, 샬롯, 고수 잎, 캐슈너트를 넣고 가볍게 버무린다.

⑦ ①에 건쥐똥고추를 넣고 ⑤에 뿌린 후 ⑥을 곁들여 완성한다.

냄비에 식용유, 피시 소스, 설탕을 넣고 중불에서 설탕이 녹을 때까지 끓인 후 약불로 줄여 2분간 더 끓여 소스 농도가 되면 식혀 준비합니다.

볼에 라임주스와 피시 소스, 팜슈거를 넣고 팜슈거가 잘 녹도록 섞은 뒤 다진 쥐똥고추를 섞어 드레싱을 만듭니다.

사과는 채 썰고
샬롯은 얇게
슬라이스해
레몬주스를 섞은
얼음물에 담가둡니다.

생선은 깨끗이 손질하고 양쪽에 칼집을
3~4군데 넣은 후 후춧가루를 뿌려
튀김가루를 고루 묻히고

170~180℃로 달군 식용유에
노릇하게 튀겨 기름기를
제거합니다.

볼에 드레싱과 얼음물에 담가둔 사과와 샬롯, 고수 잎, 캐슈너트를 넣고 가볍게 버무려 사과 샐러드를 만듭니다.

소스에 건쥐똥고추를 넣고 튀긴 생선 위에 고루 뿌린 뒤 사과 샐러드를 곁들여 완성!

추치 플라텃

레드 커리 소스를 곁들인 고등어튀김

붉은빛의 커리라면 인도 커리를 떠올리는 경우가 많은데 태국 버전은 완전히 다른 매력의 커리 스타일이다. 인도의 레드 커리는 토마토 파우더와 각종 향신 가루를 섞어 만든다면 태국에서는 붉은 고추를 향신 재료와 함께 절구에 빻아 페이스트로 만드는 것이 특징이다. 고추 페이스트의 달콤매콤한 맛이 화려해 돼지고기, 소고기, 양고기, 해산물 등 어떤 재료와도 잘 어울린다. 이 레시피처럼 삼치나 고등어 등의 등 푸른 생선을 튀기듯 구워 곁들일 수도 있고 가리비나 오징어, 새우 등의 담백한 해산물을 썰어 넣어 재스민 라이스와 함께 먹기도 한다. 향과 맛이 꽉 차 있는 스타일이다 보니 채식 메뉴로도 활용도가 높은 편이다.

INGREDIENTS

메인 재료

300g	고등어(등 푸른 생선)
2C	식용유
2Ts	레드 커리 페이스트
¾C	코코넛 밀크
1ts	피시 소스
1Ts	흰 설탕
⅓개	홍고추
⅓개	청고추
100g	전분

RECIPE

① 소스 팬에 식용유와 레드 커리 페이스트를 넣고 중불에서 향이 우러나도록 볶는다.
② 코코넛 밀크 한 큰술을 넣고 중불에서 저어가며 볶은 후 나머지 코코넛 밀크를 넣어 끓인다.
③ 피시 소스와 설탕을 넣고 고루 섞은 후 어슷썬 홍고추와 청고추를 넣고 소스 농도가 나도록 졸인다.
④ 깨끗이 손질한 고등어는 물기를 제거하고 전분을 고루 묻혀 160℃ 기름에 바삭하게 튀긴다.
⑤ 기름기를 제거한 뒤 그릇에 담고 ③을 부어 완성한다.

소스 팬에 식용유와
레드 커리 페이스트를
넣고 중불에서 향이
우러나도록 볶다가

코코넛 밀크
한 큰술을 넣고
저어가며 볶습니다.

깨끗이 손질한 고등어는 물기를 제거한 후 전분을 고루 묻히고

160°C의 끓는 기름에 넣어 바삭하게 튀겨 준비합니다.

튀긴 고등어는 기름기를 제거한 뒤 그릇에 담고 준비해둔 커리 소스를 부어주면 완성!

어쑤언

ออส่วน

달걀의 고소함과 숙주의 아삭함이 어우러진 굴전

    공기가 차가워지고 어쑤언 시작 날짜를 묻는 단골손님의 전화를 받으면 이제 겨울이구나, 생각하게 된다. 그렇지만 역시나 태국 음식점에 와서 구운 굴 요리를 먹자(!)고 마음먹는 손님은 많지 않은 편이어서 단 한 개도 안 나가는 날도 있다. 그런가 하면 어떨 때는 또 거의 모든 테이블에서 주문하기도 한다. 무쇠 팬 위 어쑤언의 지글지글하는 소리와 뜨거운 버터 향이 가득해지면 "옆 테이블에서 먹는 요리가 뭐예요?" 하고 묻는 손님이 많아지기 때문이다.

    태국 음식이 의외로 와인과 잘 어울린다는 점을 늘 주장한다. 특히 크리미한 굴의 미네랄 향과 버터 향, 아삭한 숙주의 텍스처와 눅진하게 엉긴 전분의 맛이 어우러진 어쑤언은 어지간한 굴 요리보다 샤블리 와인과 더 잘 어울린다.

INGREDIENTS

메인 재료

170g	굴
70g	느타리버섯
1Ts	쪽파
1ts	튀긴 마늘
5+⅓Ts	전분
1+½ts	굴소스
1ts	양조간장
1ts	피시 소스
½ts	흰 설탕
⅔ts	백후춧가루
4+½Ts	물
2Ts	식용유
2개	달걀

가니시

½ts	버터
100g	숙주
2~3Ts	스리라차 소스
약간	고수 잎

RECIPE

① 굴은 끓는 물에 데치고 느타리버섯과 쪽파는 5mm 길이로 썬다.

② 볼에 튀긴 마늘, 전분, 굴소스, 양조간장, 피시 소스, 설탕, 백후춧가루, 물을 넣고 고루 섞은 후 ①을 넣어 버무린다.

③ 중불로 달군 웍에 식용유를 두르고 달걀을 넣어 스크램블드에그를 만든다.

④ ②를 넣고 잘 볶아가며 오믈렛 모양을 만들고 앞뒤로 고루 익힌다.

⑤ 뜨겁게 달군 무쇠 팬에 버터를 넣고 팬 전체를 코팅한 후 숙주를 펼쳐 올린다.

⑥ ④와 고수 잎을 얹고 스리라차 소스를 곁들여 완성한다.

굴은 끓는 물에
데쳐 준비하고.

느타리버섯과
쪽파는 5mm 길이로
썰어줍니다.

볼에 튀긴 마늘, 전분, 굴소스, 양조간장,
피시 소스, 설탕, 백후춧가루, 물을 넣어
고루 섞고

느타리버섯과 쪽파,
데친 굴을 넣어
버무립니다.

중불로 달군 웍에 식용유를 두르고 달걀을 넣어
스크램블드에그를 만들고

섞어둔 굴을 넣어 잘
볶아가며 오믈렛 모양을
만들고 앞뒤로 고루
익혀줍니다.

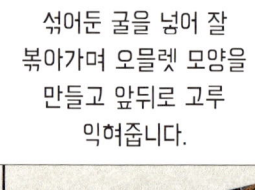

뜨겁게 달군 무쇠 팬에 버터를 넣고 팬 전체를 코팅한 후 숙주를 펼쳐 올립니다.

숙주 위에 오믈렛을 올리고 고수 잎과 스리라차 소스를 곁들이면 완성!

호이라이팟

หอยลายผัดน้ำพริกเผา

매콤한 칠리 페이스트를 넣은 조개볶음

국내 태국 식당에서 해산물 요리를 다양하게 내는 경우가 드문데, 호이라이팟은 방콕 야시장에서 팍퐁파이뎅(공심채볶음)과 함께 가장 인기 있는 메뉴 중 하나다. 술안주로 제격이지만 밥을 좋아하는 것은 우리나 태국 사람이나 마찬가지여서 밥과 함께 먹는 요리이기도 하다. 짠맛, 단맛, 매운맛의 조화와 함께 마늘과 바질 향이 포인트.

INGREDIENTS

메인 재료

300g	조개
4쪽	마늘
50g	양파
30g	노랑 파프리카
30g	초록 파프리카
1개	홍고추
5개	쥐똥고추
1+½Ts	식용유
120ml	치킨스톡(물로 대체 가능)
15장	스위트 바질 잎

시즈닝

½Ts	남프릭파우
1Ts	굴소스
½Ts	간장
1ts	흰 설탕
10g	무염 버터

가니시

약간	스위트 바질 잎

RECIPE

① 조개는 미리 해감한다.

② 마늘은 거칠게 빻고 양파와 파프리카는 슬라이스하고 홍고추와 쥐똥고추는 씨를 제거하지 않고 슬라이스한다.

③ 중불로 달군 팬에 식용유를 두르고 마늘과 쥐똥고추를 넣어 15~20초 정도 향이 우러나도록 볶는다.

④ 조개를 넣고 반 정도 익을 때까지 볶은 후 유리 뚜껑을 덮어 센 불로 익힌다.

⑤ 치킨스톡을 붓고 시즈닝 재료를 모두 넣고 빠르게 섞는다.

⑥ 양파와 파프리카, 홍고추를 넣고 살짝 부드러워질 때까지 볶는다.

⑦ 스위트 바질 잎을 넣고 볶은 후 접시에 담아 가니시로 장식해 완성한다.

중불로 달군 팬에 식용유를 두르고 다진 마늘과 썰어둔 쥐똥고추를 넣어 15~20초 정도 향이 우러나도록 볶다가

해감한 조개를 넣고 계속 볶아 조개가 어느 정도 익으면 유리 뚜껑을 덮어 센 불로 익혀줍니다.

조개가 익으면
치킨스톡을 붓고
남프릭파우, 굴소스, 간장,
설탕, 버터를 넣어 빠르게
섞어

슬라이스한 양파와 파프리카, 홍고추를 넣어 살짝 부드러워질 때까지 볶습니다.

스위트 바질 잎을 넣고 마무리한 후 가니시와 함께 담아주면 완성!

텃만꿍

ทอดมันกุ้ง

새우살과 돼지고기를 다져 만든 튀김과 건포도 소스의 단짠 조합

툭툭누들타이의 최고 인기 메뉴 중 하나인 텃만꿍을 검색해보면 다진 새우를 반죽해 빵가루에 묻혀 기름에 튀긴다는 설명이 대부분이다. 하지만 모두가 말하기 어려워하는 텃만꿍의 핵심 재료는 돼지고기이고 그중에서도 돼지비계다.

'텃'은 튀기다, '만'은 지방, '꿍'은 새우를 뜻하는 태국어로 그 이름 자체가 (돼지)지방과 새우를 튀긴 것이니 숨길 수도 없다. 하지만 삼겹살의 나라 한국에서, 심지어 라드나 하몽의 기름도 즐기는 문화가 자리 잡은 지금도 '돼지비계'만큼은 굳이 강조하고 싶지 않은 재료이다. 그래서 텃만꿍의 재료를 묻는 질문에 직원들이 머뭇거리며 "돼지고기…"라고 말을 흐리는 것을 종종 보는데, 이 기회에 외치고 싶다! 툭툭누들타이의 텃만꿍이 폭신하면서도 탱탱한 텍스처를 가진 이유는 직접 칼로 다진 신선한 돼지비계가 들어가기 때문이라고!

모든 주방 일이 힘들고 중요하지만, 특히 셰프의 기분을 거스르지 말아야 할 때가 있다. 하나는 소이연남의 스프링롤 속재료를 중식 웍에서 하루 종일 볶아야 할 때이고 또 하나는 텃만꿍 반죽을 할 때다. 칼로 잘게 다진 새우와 돼지비계를 어마어마한 펀치로 내려치듯 오래 반죽한다. 충분한 끈기가 있는 반죽을 튀겨야 빠져나가지 못한 공기가 도톰하게 갇힌 텃만꿍이 되기 때문이다.

INGREDIENTS

메인 재료

300g	새우
50g	돼지비계
½ts	흰 설탕
½ts	소금
⅔ts	백후춧가루
2ts	감자전분
1ts	참기름
적당량	습식 빵가루

소스

1Ts	물
3+⅓Ts	식초
4+½Ts	흰 설탕
⅓ts	소금
1Ts	다진 마늘
1Ts	다진 홍고추
1ts	건포도

RECIPE

① 냄비에 모든 소스 재료를 넣고 농도가 날 때까지 끓인 후 식힌다.
② 새우는 깨끗이 씻어 물기를 제거하고 그라인더나 칼로 돼지비계와 함께 잘게 다진다.
③ 볼에 ②와 설탕, 소금, 백후춧가루를 넣고 반죽한다.
④ 충분히 끈기가 생기면 감자전분과 참기름을 순서대로 넣어 반죽한 뒤 최소 3시간 이상 냉장 보관한다.
⑤ 40~50g씩 둥글넓적하게 모양을 잡고 빵가루를 입힌다
⑥ 160~170℃로 예열한 식용유에 노릇하게 튀긴다.
⑦ 접시에 담고 소스를 곁들여 완성한다.

냄비에 물과 식초, 설탕, 소금, 다진 마늘과 홍고추, 건포도를 넣고 농도가 날 때까지 끓여 소스를 만듭니다.

새우는 깨끗이 씻어 물기를 제거하고 칼등으로 으깬 뒤 잘게 다지고

돼지비계도 함께
잘게 다집니다.

볼에 다진 새우와
돼지비계, 설탕, 소금,
백후춧가루, 감자전분,
참기름을 순서대로 넣어
반죽하고

반죽에 충분히 끈기가 생기면 랩으로 씌운 뒤 최소 3시간 이상 냉장실에 보관합니다.

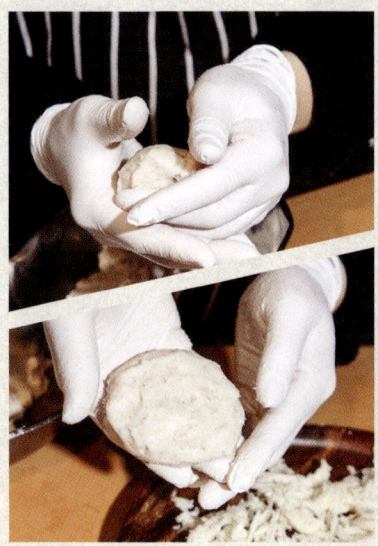

반죽을 40~50g씩 둥글넓적하게 모양을 잡고 빵가루를 입혀

160~170°C로 예열한 식용유에 앞뒤로 노릇하게 튀긴 후 소스를 곁들이면 완성!

แตงโมปั่น

땡모빤

수박을 얼음과 함께 갈아넣은 시원한 슬러시

세계적으로 유명한 태국 음료수라 할 수 있으며, 여행을 마치고 돌아와 생각해보면 특별할 것도 없는 수박 주스가 뭐 그리 맛있었을까 싶다. 그래도 또 태국에 가서 땀을 뻘뻘 흘리며 맵고 짠 음식을 먹다 보면 나도 모르는 사이 손에 땡모빤이 쥐어져 있다. 한국의 여름도 거의 방콕처럼 찌듯이 덥고 습해진 지 벌써 몇 년째다. 그래서인지 툭툭누들타이에서도 여름이면 땡모빤 블렌더가 쉴 틈이 없을 정도로 많이 팔린다. 스태프가 부족해 일이 많은 요즘에는 장모님까지 나서서 수박씨 빼기 손질을 도와주셔야 할 만큼 준비하기가 벅차기도 하다. 하지만 수박 한 통을 집에서 손질해 만들어 먹기도 쉽지 않고 이왕이면 매콤한 솜땀에 시원달콤하게 드시라고 여름마다 준비하려고 노력한다.

INGREDIENTS

40ml	베이스
2C	수박
2C	얼음

베이스

10g	그레나딘 시럽
20g	설탕
10g	물

RECIPE

① 블렌더에 베이스 재료를 모두 넣고 잘 섞이도록 간다.

② 블렌더에 땡모빤 재료를 모두 넣고 얼음이 잘 갈리도록 간다.

코코넛빤

향긋하고 크리미한 코코넛 셰이크

수박이 나지 않는 겨울철에 거의 모든 테이블에서 주문하는 음료다. 고소하고 크리미한 맛이 감칠맛이 진한 요리들과 밸런스가 잘 맞는다. 태국의 코코넛빤은 밀크셰이크 같은 부드럽고 진한 스타일부터 샤케라토처럼 얼음이 잔뜩 씹히는 버전까지 다양한데 우리는 밀키하면서도 얼음 비중을 높여 시원한 질감을 높였다.

น้ำมะพร้าวปั่น

INGREDIENTS

150g	베이스
150g	우유
290g	얼음

베이스

12g	카네이션
25g	우유
50g	코코넛 밀크
65g	설탕
20g	코코넛 파우더
1ts	소금

RECIPE

① 블렌더에 베이스 재료를 모두 넣고 고루 간다.

② 블렌더에 코코넛빤 재료를 모두 넣고 얼음이 잘 갈리도록 간다.

น้ำสต๊อกหมู

남쎼딱무

돼지뼈 육수

우리나라의 멸치 국물이나 서양 음식의 치킨스톡처럼 태국에서도 많은 국물 요리의 기본 베이스로 여기는 것이 있는데 바로 돼지뼈 육수다. 태국에서는 베이스 육수도 진하고 터프한 느낌으로 우려내는 편인데 우리가 고기 국물을 낼 때 흔히 무, 파, 마늘 등을 넣는 것처럼 태국에서는 고수 뿌리, 쌈 셀러리 등의 향신채를 넣어 잡내를 잡고 독특한 레이어를 더한다. 우러난 육수를 그대로 쓰는 경우도 있지만 굴소스, 시즈닝 소이 소스 등으로 간을 해서 진한 맛을 낸다. 그래서 태국 국물이 달큼하다는 느낌을 갖기도 하는데, 고추식초나 라임주스 등 맵고 신 맛을 테이블에서 가미하는 경우가 많아 간장 계열의 진한 맛이 좋은 국물의 베이스가 된다.

INGREDIENTS

175g	돼지뼈	1Ts	흰 설탕
1Ts	마늘	⅓ts	소금
1개	고수 뿌리	3+½ts	간장
1대	쌈 셀러리	5ts	굴소스
1ts	통흑후추	1ts	시즈닝 소이 소스
1ts	통백후추		
700ml	물		

RECIPE

① 돼지뼈는 깨끗이 씻어 불순물을 제거한다.

② 육수망에 마늘, 고수 뿌리, 쌈 셀러리, 흑후추, 백후추를 넣는다.

③ 냄비에 물을 붓고 끓인 후 ②를 넣는다.

④ 끓기 시작하면 ①을 넣고 중불에서 거품을 걷어내며 30분간 끓인 후 설탕과 소금을 넣고 15분 정도 더 끓인다.

⑤ 나머지 재료를 넣어 굴소스가 잘 풀어질 때까지 거품을 걷어내며 15~20분간 끓여 완성한다.

카오홈

재스민 라이스

재스민 라이스는 재스민 꽃향이 난다고 해서 붙여진 이름인데, 우리나라에서는 모양이 긴 날리는 쌀만 보면 가공용으로 수입되는 안남미의 군내를 떠올려 이미지가 좋지 않다. 국내에서 재스민 라이스는 관세도 어마어마하고 용도나 조건에 따른 수입량 쿼터가 엄격해 좋은 쌀을 구하기가 어려운 것도 사실이다. 그래서 중식이나 동남아식 식당에서는 날리는 쌀의 질감을 살리는 정도로 밥을 내고 있다. 최근 국내에서도 다양한 향미를 개발 중이어서 우리도 맛있는 쌀로 멋지게 선보이고 싶다는 희망을 갖고 있다.

ข้าวหอมมะลิ

INGREDIENTS

- 1C   재스민 라이스
- 1+¼C 물

RECIPE

① 재스민 라이스는 2번 정도 씻고 냄비에 담아 물을 붓는다.

> Tip 소금 1꼬집과 식초 몇 방울을 떨어뜨려도 좋다.

② 센 불에서 3분간 저어가며 끓인 후 뚜껑을 덮고 약불에서 10분간 가열해 완성한다.

Sauce

태국 요리에 빠질 수 없는 여섯 가지 소스

남프릭파우

น้ำพริกเผา

똠얌꿍이나 매콤 볶음 요리의 베이스가 되는 칠리 페이스트

남은 '물이나 소스', 프릭은 '고추', 파우는 '굽다 또는 볶다'를 뜻하며 남프릭파우는 매운맛의 걸쭉한 타이 소스를 말한다. 태국 요리에서 페이스트는 대개 절구로 갓 빻은 신선한 스타일인데 남프릭파우는 드물게 기름과 함께 끓인다. 똠얌꿍의 기본 양념으로 많이 알려졌지만 샐러드 드레싱이나 자체적인 디핑 소스로도 활용도가 높다. 잘 만든 남프릭파우는 네 가지 맛을 함께 가진다. 단맛과 짠맛이 먼저 느껴지고 다음에 시고 매운 맛이 피니시로 이어진다. 전통적으로는 쥐똥고추 4~5개를 넣어 강렬한 킥을 주기도 했으며, 선호하는 맵기에 따라 쥐똥고추를 약간 더해도 좋다. 툭툭누들타이의 레시피에는 밝고 선명한 붉은색을 위해 한국산 태양초 고춧가루를 사용한다.

INGREDIENTS

- 250g 양파
- 250g 마늘
- 35g 건고추
- 15g 건새우
- 25g 고춧가루
- 175g 식용유
  (튀김용으로 재료가 잠길 정도의 양)

시즈닝 소스

- 20g 타마린드 페이스트
- 25g 흰 설탕
- 2.5g 팜슈거
- 9g 소금
- 2g 피시 소스

RECIPE

① 양파와 마늘은 잘게 다진다.

② ①과 건고추, 건새우를 160℃의 식용유에서 노릇하게 튀긴 뒤 펼쳐 식힌다.

> **Tip** 튀기고 남은 기름은 체에 걸러 식힌다.

③ 볼에 시즈닝 소스 재료를 모두 넣고 고루 섞는다.

④ 중불에서 가열하다 기포가 올라오기 시작하면 약불로 낮춘다. 기포가 약하게 올라오는 상태로 타지 않게 잘 저어가며 15분간 끓인다.

⑤ 푸드 프로세서에 ②와 고춧가루를 넣고 남은 기름을 조금씩 더해가며 간다.

⑥ 냄비에 ④와 ⑤를 넣고 섞어가며 볶은 후 냉장 보관한다.

น้ำจิ้มซีฟู๊ด

남찜탈레

해산물에 곁들이는 새콤달콤한 디핑 소스

태국에서는 남찜탈레 혹은 남찜시푸드라고 부르는데 남찜은 소스, 탈레는 바다로 남찜탈레는 '바다의 소스'를 뜻한다. 이름만큼이나 우리나라 초고추장처럼 거의 모든 해산물에 곁들여 먹을 수 있고, 어느 슈퍼마켓에 가도 시판 소스를 구할 수가 있다. 알싸하면서도 상쾌한 산미가 특징인 이 소스는 해산물뿐만 아니라 기름진 고기 등 다양한 음식에도 좋은 포인트가 된다. 툭툭누들타이에서 고깃집 회식을 할 때면 태국 셰프들은 개인 용기에 이 소스를 담아가 찍어 먹을 정도다.

INGREDIENTS

- 2Ts 마늘
- 3Ts 쥐똥고추
- 3Ts 청고추
- 2Ts 고수 뿌리
- 1Ts 고수 줄기와 잎
- ½C 라임주스
- ½C 피시 소스
- ⅓C 흰 설탕
- 2Ts 팜슈거
- 3Ts 태국 마늘 피클 주스

RECIPE

① 블렌더에 모든 재료를 넣고 입자가 살짝 보일 정도로 간다.

Tip 태국 마늘 피클 주스는 락교 피클 주스로 대체 가능하다. 한국 마늘 피클은 짠맛이 강한 반면 태국 마늘 피클은 단맛이 높은 편이다.

남쁠라프릭

พริกน้ำปลา

쌀국수, 볶음면, 볶음밥에 곁들이는 고추 식초 소스

간단한 재료로 모든 요리에 포인트를 줄 수 있는 타이 전통 소스다. 프릭은 고추, 남쁠라는 생선을 발효해 만든 태국의 피시 소스를 뜻한다. 맵고, 달고, 신 맛이 어우러지도록 만들어 볶음밥, 달걀프라이, 재스민 라이스 등 다양한 음식에 곁들여 먹는다. 또 치킨, 어묵, 닭고기 구이 등 어디에도 잘 어울린다.

INGREDIENTS

½ts	마늘
1Ts	쥐똥고추
3Ts	피시 소스
1+⅓Ts	라임주스
½ts	흰 설탕
1개	라임 웨지

RECIPE

① 마늘과 쥐똥고추는 얇게 슬라이스한다.

② 볼에 피시 소스와 라임주스, 설탕을 넣고 설탕이 녹을 때까지 잘 섞는다.

③ ①과 라임 웨지를 넣은 뒤 고루 섞는다.

พริกแกงเขียวหวาน

그린 커리 페이스트

청고추로 만들어 얼싸한 맛의 그린 커리 페이스트

태국은 동남아시아의 중심에 위치한 만큼 음식 또한 언제나 글로벌하게 영향을 주고받으며 발전해왔다. 그중 커리는 인도의 영향을 받았지만 역시나 태국만의 모습으로 나름의 영역을 갖고 있다. 인도 커리가 다양한 스파이스 사용에 중점을 둔다면, 태국 커리는 허브와 채소를 풍성하게 사용한다. 또 고추의 선택에 따라 커리 색이 달라지는 것이 특징인데, 그린 커리는 신선한 청고추를 사용한다.

INGREDIENTS

- 1개 고수 뿌리
- ½Ts 슬라이스한 갈랑갈
- 1Ts 슬라이스한 레몬그라스
- ½Ts 카피르라임 제스트
- 1개 청고추
- 10개 녹색 쥐똥고추 (청양고추 사용 시 양을 5배 정도 늘린다)
- 1ts 소금
- ½ts 백후춧가루
- ½ts 강황가루
- 1ts 볶은 쿠민씨 가루
- ½ts 볶은 고수씨 가루
- 4쪽 마늘
- 3개 샬롯
- 1ts 슈림프 페이스트
- 10장 스위트 바질 잎

RECIPE

① 절구에 다진 고수 뿌리와 갈랑갈, 레몬그라스, 카피르라임 제스트를 넣고 빻는다.

② 청고추와 녹색 쥐똥고추, 소금을 넣고 부드러운 페이스트가 될 때까지 빻는다.

③ 백후춧가루와 강황가루, 볶은 쿠민씨 가루, 볶은 고수씨 가루, 마늘, 샬롯, 슈림프 페이스트를 넣고 계속 빻는다.

④ 스위트 바질 잎을 넣고 고운 페이스트 형태가 될 때까지 빻는다.

Tip 밀봉하면 냉장실에는 2주간, 냉동실에는 한 달간 보관할 수 있다. 베지테리언 버전을 만들기 위해서는 슈림프 페이스트를 빼고 취향에 따라 연두를 살짝 추가해도 좋다.

레드 커리 페이스트

พริกแกงเผ็ด

스모키한 향이 좋아 다용도 활용이 가능한 레드 커리 페이스트

태국의 많은 요리들이 프렙에 정말 많은 시간을 투자하게 되는데, 사전 준비의 고단함을 이야기할라치면 그중에서도 레드 커리 페이스트가 으뜸이다. 물에 불린 건고추는 질깃한 질감이 되어 절구로 빻는 시간이 더 오래 걸리기 때문이다. 하지만 고추를 오래 저장하기 위해 생겨난 양념인 만큼 보관성이 좋아 클래식한 커리뿐만 아니라 이런저런 볶음 요리에도 활용하기가 정말 좋다. 그래도 만들기 어렵다면 시판 소스도 제법 괜찮은 제품들이 나오니 다양한 요리에 사용해보기를 추천한다.

INGREDIENTS

5개	건고추
1개	고수 뿌리
½Ts	카피르라임 제스트
½Ts	갈랑갈
1Ts	레몬그라스
1ts	소금
5쪽	마늘
4개	샬롯
1ts	볶은 쿠민씨
½ts	볶은 고수씨
½ts	백후춧가루
1ts	슈림프 페이스트

RECIPE

① 건고추는 씨를 제거하고 2cm 길이로 썬다. 뜨거운 물에 넣어 15분간 불린 뒤 물기를 제거한다.

② 고수 뿌리는 큼지막하게 다지고 카피르라임 제스트, 갈랑갈, 레몬그라스는 잘게 다진다.

③ 불린 건고추와 소금을 절구에 빻는다.

④ ②를 넣고 계속 빻는다.

⑤ 남은 재료를 모두 넣고 부드러운 페이스트 상태가 될 때까지 빻는다.

남찜때우

육류, 해산물 바비큐에 어울리는 타마린드 디핑 소스

매콤한 고춧가루와 타마린드로 맛을 낸 소스로 단맛, 신맛, 매운맛, 고소한 맛, 훈연 향이 모두 느껴진다. 다양한 재료의 디핑 소스로 활용이 가능한데 가장 유명한 조합은 항정살구이. 하지만 구운 닭이나 고구마, 호박 등 구운 채소에 곁들이기에도 좋은 타이 바비큐 소스다. 샬롯, 쪽파, 라임주스를 제외하고 미리 만들어두면 오래 보관이 가능하다. 툭툭누들타이 셰프들의 고향인 태국 북동부 이싼 지역 마을에는 저녁이 되면 동네를 가득 채우는 특유의 향이 있다. 찹쌀과 재스민 라이스를 레몬그라스, 카피르라임 잎과 함께 마른 팬에 태우듯 볶아 돌절구에 빻는 '카오쿠아'를 만드는 스모키한 냄새다. 집집마다 만드는 이 카오쿠아는 수많은 요리에 사용되는데, 특히 커무양을 찍어 먹는 소스의 핵심 재료라 할 수 있다. 타마린드 페이스트의 신맛과 팜슈거의 단맛, 피시 소스의 쿰쿰한 감칠맛을 향긋하게 연결해주고 식감의 재미를 더한다.

INGREDIENTS

5개	샬롯
4줄기	쪽파
4줄기	고수
3Ts	피시 소스
2Ts	물
3Ts	팜슈거
2Ts	타마린드 페이스트
1+½Ts	라임주스
1Ts	카오쿠아(볶은 찹쌀가루)
½Ts	고춧가루

RECIPE

① 샬롯과 쪽파, 고수는 슬라이스하거나 다진다.

② 작은 냄비에 모든 재료를 넣고 고루 섞은 후 약불에서 기포가 약하게 올라올 때까지 끓인다.

타마린드 페이스트

액상 형태 제품도 판매하지만 건타마린드를 사서 필요한 만큼 만들어 쓰는 것이 간편하고 보관성에도 좋다. 타마린드 페이스트는 팟타이의 기본 재료가 되기도 하고, 돈가스 소스나 비빔면, 쫄면 등의 소스에 넣어 향긋한 산미를 더하기에도 좋다

INGREDIENTS

100g	건타마린드
200ml	뜨거운 물
5g	소금

RECIPE

① 볼에 뜨거운 물과 건타마린드를 넣고 20분 정도 잘 풀어지게 불린다.

② 불린 타마린드를 물속에서 주물러 풀어준 뒤 거름망으로 내린다.

③ 소금을 넣고 섞은 뒤 4~5분 정도 약불에서 끓인다. 충분히 식혀 냉장 보관한다.

카오쿠아

INGREDIENTS

½C	찹쌀 (익히지 않은 생쌀)
3Ts	재스민 라이스 (익히지 않은 생쌀)
2대	레몬그라스
1개	갈랑갈 (6cm 크기)
4~5장	카피르라임 잎

RECIPE

① 레몬그라스와 갈랑갈은 얇게 슬라이스한 뒤 다진다.

② 팬에 카피르라임 잎을 제외한 모든 재료를 넣고 중불에서 쌀이 노란색으로 변할 때까지 볶는다.

③ 카피르라임 잎을 넣고 쌀이 진한 갈색이 될 때까지 볶은 뒤 불을 끄고 식힌다.

Tip 건카피르라임 잎으로 대체 시 실온의 물에 10분간 불린 뒤 사용한다.

조그마한 창고처럼 작은 가게에서, 아무것도 없었던 연남동에서 당시엔 사람들의 입맛에 생소했던, 아니
불호로 가득했던 태국 요리를 가지고 세상과 담판을 지으려 했던 동혁이의 툭툭누들타이. 이제는 수많은
사람들의 사랑에 힘입어 연남동뿐만이 아닌 더 많은 곳에서 사람들의 입을 즐겁게 해주고 있다. 앞으로도 쭉쭉
사왓디하게 가자! 온자한 동혁이의 미소처럼!

노브레인 이성우

개인적으로 아시아권 도시 중에서 가장 사랑하는 곳이 바로 방콕이다. 갈 때마다(그 당시) 연인과 함께
가서였을까?ㅎㅎ 나에게 방콕은 수차례 방문을 통해 누적된 다양하고도 좋은 기억들로 가득한 도시인데,
누구나 예상하듯 방콕을 사랑하는 가장 큰 이유는 당연히 그곳의 음식!! 뭐랄까, 가식 없이 짜릿하고 거침없이
자극적인 맛이 솔직한 내 성격과 잘 맞는달까? 가끔씩 태국 현지의 그 진한 맛이 그리울 때면 찾는 곳이 바로
툭툭누들타이(&소이마오)인데, 그저 뻔한 말이 아닌, 태국의 맛을 그대로 살린, 아니 어쩌면 그보다 더 맛있는
태국 음식을 즐길 수 있기 때문이다. 방콕에서의 리얼 로컬 다이닝에 대한 그리움을 덜어주는 툭툭누들타이.
그곳의 음식을 배워볼 수 있는 쿡북이 출간된다는 사실은 너무도 많은 사람들에게 반가운 소식임에 틀림없다.
뭐, 물론 책을 보고 따라 한다고 그 맛이 다 나오겠냐마는, 요리를 하는 사람 입장에서 소중한 레시피가
가득한 책을 기다리는 건 여행을 기다리는 것만큼이나 두근거리는 일이다. 태국 음식에 대한 진심으로 수년째
툭툭누들타이를 일궈온 임동혁 대표&김은지 이사에게 쿡북 출간이라는 새로운 작업에 대한 응원과 격려를
보내며, 좋은 책을 만날 수 있게 해줘서 고맙다는 인사를 앞서 전한다.

엘톰코터마켓 지은경 셰프

어떤 이야기를 먼저 해야 할까 고민했다. 너무 많은 추억이 있기에…
지금 자리로 이전하고 90세 외할머니를 모시고 방문했던 어느 날, 갑자기 주방 환풍기에 불이 붙어 밥 먹다가
모든 손님들이 서둘러 나왔던 때가 생각난다. 아마도 이전하고 얼마 안 되었던 듯 가족들이 다 함께 어렵게
외할머니 모시고 온 날 하필… 가는 날이 장날이네 하면서 이 집 오늘은 돈을 못 받아 손해가 막심하지만
앞으로 돈방석에 앉겠네 하면서 웃었던 날. 바로 불은 꺼지고 잘 정리되었다고 했다.
태국 음식을 특히나 좋아하던 부친은 매장이 지하에 있을 때부터 즐겨 다니셨다. 암 투병을 하시며 마지막까지
맛있게 드셨던 툭툭누들타이의 음식들. 특히 공심채를 좋아하셨다. 항암과 방사선 치료로 입안은 헐고
입맛은 없고 자극적인 건 못 드셨는데 사장님과의 친분 덕에 매운 재료를 빼고 조리를 부탁드릴 수 있어서
참 다행이었다. 어떤 날은 제주도에서 비행기를 타고 여의도에 짐을 두고 전화 주문 후 픽업했던 숨 막힌
날도 있었다(브레이크 타임에 안 걸리려고). 늘 동자(임동혁 대표)에게 감사하는 마음이다. 지난 10년
툭툭누들타이를 떠올리면 친구들과의 추억도 많지만 가족과의 추억이 더 가득한 곳이다.
요즘은 제주에 있어 자주 못 가지만 출시된 밀키트로 그리움을 달래고 있다. 앞으로의 10년도 잘 부탁합니다.

이꼬이 정지원 셰프

10여 년 전 5평짜리 첫 번째 타이 식당의 시작부터 지금 최고의 자리에 오르기까지 옆에서 항상 지켜보며
응원하고 있습니다. 뚜렷한 꿈과 목표를 가지고 진심으로 좋아하는 것들을 위해 열정을 쏟아 부었다는 걸
누구보다도 잘 알기에 존경을 표합니다. 서울의 외식업계를 역사 책으로 쓴다면 아마도 툭툭누들타이는 분명
꽤 많은 페이지를 장식할 거에요. 맛있는 식당을 만드는 것보다 새로운 문화를 소개하는 일은 훨씬 어렵지만
더 값진 일이라고 생각하기에 툭툭누들타이는 모두에게 박수받아 마땅하다고 생각됩니다. 앞으로도 오래오래

많은 사람들에게 좋은 에너지를 주셨으면 합니다. 쿡북 출간을 진심으로 축하드립니다!

이치에/고료리켄 김건 셰프

내 인생 최고의 식도락 여행을 하나 뽑는다면 2017년 초여름에 떠났던 동자와의 태국 북부 지방 미식 투어가 아닐까 싶다. 치앙마이에서 시작해 태국 북부 미얀마 접경 구역에 이르기까지 정말 다양하고 맛있는, 현지인만 알 수 있는 로컬 음식들을 아침부터 밤까지 논스톱으로 먹고 마셨던 너무나도 배부르고 행복한 시간이었다. 음식뿐만 아니라 동자의 수많은 현지 팬들과 함께한 시간을 통해 태국 사람과 문화 그리고 대한 태국인 임동자(임동혁 대표)와 더욱 가까워질 수 있는 추억이 되어버렸다. 그 여행에서 처음 경험한 치앙마이 스타일의 시큼한 소시지 싸이크럭의 맛은 아직도 잊을 수 없다. 동자미식투어 이후로 완전히 태국 음식 팬이 되었다. 툭툭누들타이를 비롯해 동자 대표가 운영하는 모든 업장의 단골이 되어 그 짜릿한 맵고 시고 달달한 태국 맛을 즐기러 종종 간다. 이 글을 쓰는 지금 이 순간에도 내추럴 와인에 툭툭누들타이의 솜땀이 왜 그렇게도 당기는지…

시간이 흘러 동남아 음식에 흠뻑 빠져 현재는 본인도 동남아 음식점을 운영하고 있다. 동자 대표의 조언과 도움이 없었으면 시작도 하지 못했을 것이다. 재료 유통 거래처부터 국내 동남아 허브를 생산하는 농부님들 그리고 여러 가지 운영 노하우까지… 레시피를 제외한 모든 것을 받았는데 이번에 고맙게도 레시피까지 책으로 만들어 준다는 그 마음에 눈물이 날 지경이다. 코로나19 같이 쉽지 않고 낯선 언덕에도 두려움이 아닌 더 높은 곳으로 가기 위한 희망의 발판으로 삼고 헤쳐 나가는(날아오르는) 모습을 보며 임동자 대표, 김은지 여사, 툭툭 그룹의 사랑과 베풂이 넘치는 미래를 상상해본다. 외식업의 불모지 연남동을 서울 최고의 핫플레이스로 만들고, 한국의 태국 음식 대중화를 이루어낸 장본인 툭툭누들타이의 10주년 쿡북 출간을 축하드립니다.

정식당 임정식 셰프

만날 때마다 무언가 음식을 섞고 있는 그를 본다. 이젠, 오늘은 뭘 섞어 새로운 맛을 내놓으려나 기대도 된다. 과자 하나를 먹어도 스리라차 소스에도 찍어 먹어보고, 처음 보는 향신료를 한식에도 넣어보는 등 그의 호기심은 끝도 없다. 그런 그가 운명처럼 태국 요리를 만났으니 이런 절묘한 찰떡궁합이 또 있을까?
세계의 모든 음식 재료 향신료가 다 모인다는 세계의 부엌. 태국 요리를 현지 셰프 및 스태프 수십 명과 한국에서 지지고 볶아온 그가 지난 10년의 호기심을 모아 태국 맷돌에 영혼을 갈아 만든 쿡북이라니 설레지 않은가? 달고 시고 향기 나는 맛깔알의 태국 쿡북으로 이번 주말엔 집에서 태국 여행!

용이 영상감독

배달 앱이 없던 시절, 포장한 팟씨유 냄새에 매번 홀렸다. 집까지 운전하는 그 새를 못 참고 연신 음식 뚜껑을 열어젖혔다. 소스 묻은 손을 쪽쪽 빨며 집에 도착하면 남은 건 반 남짓. 쿡북이 나온다는 소식에 제일 먼저 떠오른 장면이다. 레시피 보며 집에서 조리할 때는 심지어 이미 쥐고 있는 젓가락이 있을 텐데, 프라이팬에서 식탁까지 음식을 온전하게 옮길 수 있을지 의문이기에…

시험관 시술을 하다 지쳐 잠시 쉬기로 한 친구와 오랜만에 소이연남마오에서 만났다. 때마침 메종조와의 팝업이 있었고, 내가 예약한 테이블에 여유 자리도 있었다. 아무 생각 없이 행복하고 싶다는 그 친구에게 아무 생각 없이 먹어도 맛있을 음식과 술을 주고 싶었고, 식사하는 몇 시간 동안 그 친구는 현실을 벗어난 웃음을 찾았다. 일상의 어떤 목표를 향해 가는 길에, 적절한 쉼을 주는 공간이다. 그 공간의 느낌을, 우리 집에도 가져올 수 있는 기회가 지금이다.

코리아중앙데일리 이선민 기자

ตุ๊กตุ๊กนูเดิลไทย
TukTuk Noodle Thai
툭툭누들타이 쿡북

초판 1쇄 발행 2022년 9월 30일

지은이 임동혁, 김은지 지음
발행처 아이엔지북스

기획/편집 송희나
사진 studio.ING
디자인 김은정
교열 조진숙

홈페이지 www.ingbooks.kr
이메일 books@ingbooks.kr
전화 02-6953-4439
주소 서울특별시 서초구 서초대로74길 27

ISBN 979-11-90900-28-7
출판등록 2013년 11월 4일
제 2019-000033호

정가 26,000원

아이엔지북스는 푸드 전문 콘텐츠 그룹 아이엔지커뮤니케이션즈의 출판 브랜드입니다.
이 책은 저작권법에 의해 보호받는 저작물로 제작사의 허락 없이 인용 및 발췌하는 것을 금하며,
이 책 내용의 전부 또는 일부를 재사용하려면 반드시 제작사의 서면 동의를 받아야 합니다.
파본은 구입처에서 교환해드립니다.